Energie aus Wasser - nur eine Vision?

Heinrich Reents

Copyright © 2013 Prof. Dr.-Ing., Dr. h.c. Heinrich Reents

All rights reserved.

ISBN:1493668064
ISBN-13:978-1493668069

Kontakt: heinrich_reents@yahoo.de
Bildvorlage: Stockfresh
Sponsoren: Theos AG www.theos-consulting.de
MOTOTHERM AG
HHO-TEC

Stand: 1. September 2014

Alle Rechte, insbesondere das Recht der Vervielfältigung und Verbreitung, sowie der Übersetzung liegen beim Autor. Kein Teil des Werkes darf in irgendeiner Form (durch Fotokopie, Mikrofilm oder anderes Verfahren) ohne schriftliche Genehmigung des Autors reproduziert werden oder unter Verwendung elektronischer Systeme verarbeitet, vervielfältigt oder verbreitet werden.

WIDMUNG

ALLEN KINDERN DIESER WELT,
DEN GEBORENEN UND
DEN UNGEBORENEN

ROXANA
JENDRIK
JANNIS
CEDRIK
MARIE
MIKA

INHALTSVERZEICHNIS

VORWORT 6

1. EINLEITUNG 8

2. PRO UND CONTRA BEDENKENTRÄGER UND BEFÜRWORTER 12
   2.1. THESE 1: DIE POLITIK HAT KEIN INTERESSE AN DER TECHNOLOGIE 13
   2.2. THESE 2: DAS KANN NICHT FUNKTIONIEREN, MAN ERZIELT KEINEN „ENERGIEGEWINN" 14
   2.3. THESE 3: HHO-GAS IST GEFÄHRLICH- ES IST EXPLOSIV 16
   2.4. THESE 4: DIE GROSSEN KONZERNE HABEN KEIN INTERESSE AN DER TECHNLOGIE 16
   2.5. THESE 5: DIE ROHSTOFFLÄNDER WERDEN DIESE TECHNOLOGIE BEKÄMPFEN 19
   2.6. THESE 6: DIE ELEKTROMOBILITÄT KANN NICHT DIE EINZIGE LÖSUNG SEIN 20
   2.7. THESE 7: DEM WASSERSTOFFAUTO GEHÖRT DIE ZUKUNFT 21
   2.8. THESE 8: MIT HHO-GAS KÖNNEN WIR HEIZEN, KÜHLEN UND PRODUZIEREN 23

3. HHO-GAS, KNALLGAS, OXHYDROGEN, BROWN´S GAS 24
   3.1. VERFAHREN ZUR GEWINNUNG VON HHO-GAS 24
   3.2. EIGENSCHAFTEN VON HHO-GAS 26
   3.3. TROCKENZELLEN, DRY- CELLS, NASSZELLE 30
   3.4. ARRESTOREN / FLAMMENRÜCKHALTESYSTEME 30

4. BEISPIELE REALISIERTER LÖSUNGEN – HEIZUNG 31

5. BEISPIELE REALISIERTER LÖSUNGEN –MOBILITÄT 34
   5.1. MOBILIÄT – 100% ERSATZ VON BENZIN, DIESEL, GAS DURCH HHO-GAS 34
   5.2. MOBILITÄT – TEILWEISER ERSATZ VON DIESEL, BENZIN GAS 41

6. EINSATZBEISPIELE IN DER ENERGIEWIRTSCHAFT 45

7. EINSATZBEISPIELE IM INDUSTRIE- UND DIENSTLEISTUNGSBEREICH 49

8. EIN INTERESSANTER FORSCHUNGSBERICHT DER BUNDESREGIERUNG E5001-15 51

9. FAZIT 53
DANKSAGUNG 56
EIN WEITERES BUCH DES AUTORS 57

Energie aus Wasser- nur eine Vision?

Vorwort

Es sind ca. zwei Jahre her, da wurde ich zum ersten Mal mit dem Kopf auf die HHO-Technologie gestoßen. Herr Dipl.-Ing. Bernd Dietrich, einer meiner früheren Studenten machte mich auf diese Technologie aufmerksam. Er verwies mich auf die Internetplattform YouTube. Meine Skepsis war noch nicht gebrochen.

Zur Erläuterung: Die HHO-Technologie erzeugt aus Wasser Knallgas/HHO-Gas. Wasser, bekannt auch unter seiner chemischen Formel H2O, besteht aus den Gasen Wasserstoff (H) und Sauerstoff (O). Dieses Gas ist auch unter den Begriffen Knallgas, Oxyhydrogen, und Brown`s Gas bekannt. Zündet man dieses Gas, dann ist das Reaktionsprodukt Wasser.

Vor wenigen Monaten rief mich Herr Dipl.-Ing. Roman Kolesnikov an und zeigte mir im Internet die Arbeiten des berühmten russischen Erfinders Lev Jutkin. Herr Jutkin ist Erfinder der Stoßwellentherapie. Diese Technik ist sowohl einsetzbar im Bereich der Bohrtechniken als auch der Zertrümmerung von Nierensteinen. Es ist schon beeindruckend zu sehen, wie diese Stoßwellen Steine zertrümmern.

In seinen Versuchen setzte er Lichtbogen ein. Er brachte das Wasser in Schwingungen. Er konnte mit diesem Verfahren große Kräfte freisetzen.

Die Beharrlichkeit meiner beiden ehemaligen Studenten führte dazu, dass ich mich intensiver mit der HHO-Technologie beschäftigte.

Ich entdeckte dann Stanley Meyer bei „Youtube" und konnte sehen, wie er allein mit Wasser sein Auto antrieb.

Sollte es wirklich möglich sein, Öl, Gas, Kohle, Atomenergie durch Wasser zu ersetzen?

Wenn dem so wäre, dann wäre das Energieproblem weltweit gelöst. Es würden keine Kriege mehr um Öl und Gas geführt werden müssen. Das CO2 Problem wäre gelöst. CO2, also das Gas, das neben den so genannten anderen „green gases" zur Klimaerwärmung beiträgt, verliert seinen Schrecken, denn das Reaktionsprodukt der Verbrennung von Knallgas/ HHO-Gas ist Wasser, lediglich Wasser.

So entstand dieses Buch „ Energie aus Wasser- nur eine Vision?"

In dem vorliegenden Buch sind die Argumente der Befürworter und Bedenkenträger aufgeführt.

Jede Technologie hat Sonnen - und Schattenseiten.

Die zahlreichen Beispiele mögen den Leser unterstützen, zu einer eigenen Meinung zu finden.

Ich habe gelernt, dass man den Technischen Fortschritt nicht aufhalten kann. Jeder der ihn aufhält, ist ein Verlierer.

Die Computerindustrie ist ein leuchtendes Beispiel. All die Firmen, die ihre Innovationsfähigkeit verloren haben, sind vom Markt verschwunden.

Zwar gibt es heute noch Großrechner, aber sie wurden zunehmend ersetzt durch Personalcomputer, Netbooks, Tablets und Smartphones. Die Miniaturisierung schreitet voran.

1. Einleitung

Wir Menschen leben vom Wasser. Wir kommen aus dem Wasser, der größte Teil unseres Körpers besteht aus Wasser, wir trinken Wasser, um zu überleben, viele von uns zieht es ans Wasser, wenn wir uns entspannen wollen, Wasser ist Energiespender - nicht nur in physischer, psychischer und spiritueller Sicht..........Wasser umgibt ein Geheimnis, das es zu lösen gilt.

Die Natur weiß um dieses Geheimnis schon seit Milliarden/ Millionen von Jahren. Wasser hat seine Sonnen- und Schattenseiten, wie alles in unserem Leben. Wasser ernährt uns, Wasser kann uns aber auch töten. Man denke an Sintfluten, Sturmfluten, Tsunamis oder auch an die Erwärmung unserer Erde. Wasser hat eine unbändige Kraft. Das weiß jeder, der am Meer aufgewachsen ist, so wie ich als Ostfriese. Das weiß jeder Segler, jeder Kapitän....

1976 wurde ich von Prof. Dr. Beckurts, dem damaligen Vorstandsvorsitzenden der Kernforschungsanlage Jülich, dem heutigen Forschungszentrum Jülich gebeten, ihn auf der Tagung "First Solar World Energy Conference" in Tucson, Arizona zu vertreten und einen Vortrag zu diesem Thema zu halten. Er gab mir eine absolut freie Hand bei der Themenwahl. Das löste bei mir folgende Reaktionen aus:

1. Ich war verwundert: Warum beauftragte mich ein so berühmter Wissenschaftler- er war später der Forschungs- vorstand der Siemens AG- ausgerechnet mich, einen jungen Wissenschaftler mit dieser Aufgabe?

2. Ich hatte Angst: Könnte ich seinen Ansprüchen und den Ansprüchen der Internationalen Wissenschaftler genügen? Letztlich handelte es sich um eine Weltkonferenz, und ich war der erste Vortragende. Reichten meine Englischkenntnisse aus?

3. Ich war stolz: Ein international anerkannter Wissenschaftler, auch auf dem Gebiet der Atomenergie gab mir die Chance,

meine Sicht der Solarenergie einem internationalen Publikum zu präsentieren.

Damals 1976 wurden die regenerativen Energiequellen noch leicht belächelt. Die Windenergieanlagen der neuen Generation waren noch im Entwicklungsstadium. Nur wenige Wissenschaftler trauten dieser Technologie den internationalen Durchbruch zu. Große Energiekonzerne waren nicht im Entferntesten an derartigen Geschäftsfeldern interessiert.

Die Sonne, die ja nur wenige Stunden am Tag scheint, die sollte unsere Welt verändern? Das glaubte kaum ein Energiemanager der großen Energiekonzerne, sei es in der Exploration der Energieträger- Öl, Gas, Kohle, Uran -, der Umwandlung der Energie z.B. in Elektrizität und deren Verteilung.

Die Fragen der langfristigen Folgen der Kohlekraftwerke **und** der Atomenergie wurden - so wie heute noch... werden...- verdrängt.

Wer weiß denn schon, dass die Halbwertszeit hoch giftiger radioaktiver Stoffe im Bereich von 10 000-den von Jahren liegt. So hat z.B. das hochgiftige Plutonium 239 eine Halbwertszeit von 24.110 Jahren- also mehr als zwanzigtausend Jahren. Dieser Zeitraum reicht aber noch lange nicht zur sicheren Lagerung. Die Halbwertszeit ist definiert als die Zeitspanne, die der Stoff benötigt, seine Strahlungsintensität um 50% zu verringern.

Heute weiß man, dass die Atomenergie die teuerste Energieform ist, wenn man die Problematik der Entsorgung radioaktiver Abfälle berücksichtigt...wie gesagt, sie müssen zehntausende von Jahren gelagert werden.

Somit hat sich, wie vieles in der Welt und in unserem Leben, die Nutzung der Atomenergie langfristig als falscher Weg erwiesen.

Dies gilt auch für die Nutzung der Braunkohlen- und Steinkohlenkraftwerke, die mit ihrem CO^2-Ausstoß und anderen schädlichen Gasen und Ausfallstoffen unsere Welt vergiften.

Diese Kraftwerkstechnologien waren Stufen des Technischen Fortschritts und somit unverzichtbar für unsere Welt. Der

Technische Fortschritt geht manchmal seltsame Wege.

Die Biokraftwerke werden auch zunehmend kritischer gesehen, insbesondere dann, wenn sie mit Nahrungsmitteln wie Mais, Raps, Rüben oder Zuckerrohr betrieben werden.

Erst die Biokraftwerke der 2. Generation, die nur mit Abfällen arbeiten, haben eine berechtigte Zukunftschance. Es kann nicht sein, dass Menschen hungern, und wir nehmen ihnen noch zusätzlich Nahrung weg.

Im Übrigen erweist sich der Wirkungsgrad der Biokraftwerke als nicht sehr hoch, wenn man die gesamte Kette betrachtet: Wasser zum Beregnen der Felder, Dünger, Schadstoffbekämpfung, Transport.....

Doch die Biokraftwerke der 2.Generation werden auch langfristig ihre Daseinsberechtigung haben. Aus Abfällen „erzeugen" wir Energie.

Es seien auch die Geothermiekraftwerke erwähnt. Diese Kraftwerke sind zum Teil umstritten, insbesondere wenn die Energiesonden in tiefere Schichten vordringen. Sie bedürfen einer sehr exakten Bodenuntersuchung.

Sonne, Wind und Wasser, das sind allein die Optionen der Zukunft.

Seit 20 Jahren weiß man, dass man wirtschaftlich Energie aus Wasser erzeugen kann. Ein amerikanischer Erfinder **Stanley Meyer** hat dies bewiesen mit seiner Fahrt mit seinem umgebauten Auto. Er benötigte - ich wiederhole- nur Wasser. Inzwischen gibt es zahlreiche Indizien von Erfindern im Internet, die dies ebenfalls geschafft haben. Darauf werde ich in einem gesonderten Kapitel eingehen.

1998 starb Stanley Meyer. Man hat den Verdacht geäußert, dass er vergiftet worden ist. Andererseits wurde auch berichtet, dass er an einem Hirnaneurisma gelitten hat.

Doch seine Technologieansätze wurden nicht weiter verfolgt. Er hat sein Wissen mit ins Grab genommen.

Die Patente von Stanley Meyer sind inzwischen abgelaufen. Es muss erwähnt werden, dass er auch kritisch betrachtet wird (siehe Wikipedia, Stanley Meyer).

Darauf beruht meine Forderung nach einer Grundlagenforschung im Bereich der HHO-Technologie. Inzwischen (2014) gibt es jedoch vermehrt Hinweise im Internet, die seine Technologieansätze erfolgreich nutzen.

Wir stecken Milliarden Euro in die Kernfusionsforschung, doch für diese neue Technologie (Energie aus Wasser/ HHO-Technologie) haben wir offensichtlich kein Geld.

Gibt es vielleicht Interessengruppen, die ein Aufblühen dieser Technologie nicht begrüßen? Denn diese Technologie wird nachhaltig unsere Welt verändern: Wir heizen mit Wasser, wir kühlen mit Wasser, wir fahren mit Wasser, wir produzieren mit Wasser...Die Technologie benötigt nicht unbedingt Süßwasser. Wasser ist nahezu unbeschränkt vorhanden. Konnte man nicht vor wenigen Tagen in den Medien lesen, dass der Meerwasserspiegel durch die Klimaerwärmung um 19 cm gestiegen ist.

Wir brauchen keine Kriege mehr führen um Öl, Gas, Uran....Wasser ist kein knappes Gut, also werden die Preise nicht ins Unermessliche steigen.

Deswegen möchte ich alle, ich wiederhole alle (Autodidakten, Handwerker, Männer, Frauen, Erfinder, Ingenieure, Physiker, Biologen, Politiker, Banker u.a.) aufrufen:

Lasset uns diese Technologie, die auch unter dem Namen **HHO-Technologie** bekannt ist, weiter erforschen. Wir werden sicherlich Rückschläge erfahren. Das ist normal beim Technischen Fortschritt. Wir werden auch die Janusköpfigkeit der Technologie erkunden- ihre Sonnen - und Schattenseiten.

Die Natur zeigt uns jeden Tag: Es funktioniert! Wir Menschen/ unsere Zellen leben vom Wasser. Auch in unseren Zellen findet die HHO-Gas-Reaktion statt.

Lassen Sie uns alle dieses Forum nutzen, uns auszutauschen

- weltweit, über alle Völker, Kulturen, Disziplinen hinweg.

So können wir der Erwärmung unserer Erde vorbeugen. Denn die Abfallprodukte dieser Technologie sind nicht CO2 oder andere "green gases", sondern ist allein Wasser.

Lassen Sie uns alle Finanzierungsformen und Gesellschaftsformen finden, die eine unabhängige Forschung erlauben.

Diese Technologie hat noch keine Lobbygruppen, so wie Öl, Gas, Kohle, Uran, Solar, Wind, Bioenergie. Diese brauchen wir jedoch, wenn wir langfristig Erfolg haben wollen.

Wasser befindet sich in einem ewigen Kreislauf, es verdunstet, steigt in große Höhen auf, kühlt ab, wandelt sich zu Regen und kommt wieder zurück auf unsere Erde. Wasser ist absolut CO2-neutral, es kennt keine umweltkritischen Gase, die zur Erwärmung unserer Erde beitragen und damit unser Leben und das zukünftiger Generationen bedrohen.

2. PRO und CONTRA - Bedenkenträger und Befürworter

Alle bedeutenden Erfindungen wurden anfangs belächelt und von der Wissenschaft bekämpft.

Man stelle sich vor, eine Frau hätte vor 200 Jahren prognostiziert: Auf eure Pferdegespanne und Wechselstationen für die Pferde könnt ihr verzichten, die Nachrichten werden bald mit einem kleinen Gerät - so groß - wie die Taschenuhr übertragen. Keiner hätte sie ernst genommen. Heute ist das Stand der Technik.

Das Gleiche gilt für die Erfindung des Automobils. Man muss immer wieder betonen, ohne Bertha Benz, die bedingungslos an die Erfindung Ihres Mannes geglaubt hat, hätte sich das Automobil nicht so schnell durchgesetzt. Damals (im Jahr1888!!!) dachte man noch an Pferde, wenn man mobil sein wollte. Man stelle sich einfach mal die riesigen Abfallberge (Pferdeäpfel etc.) vor, wenn der Verkehr heute auf dem Transportmittel Pferd und Kutsche/Lastkarren basieren würde.

(Derzeit gibt es in Deutschland ca. 55 Mio Kraftfahrzeuge (PKW´s, LKW´s, Busse etc.) - von 60 PS bis ca. 700 PS. (PS= Pferdestärke)

Ein weiteres Beispiel liefert Herr Konrad Ernst Otto Zuse (1919-1995). Herr Zuse hat 1941 den ersten funktionierenden Computer entwickelt (Z3). Seine Patentanmeldungen wurden vom Deutschen Patentamt wegen mangelnder Erfindungshöhe abgelehnt. (Quelle Wikipedia)

Wie lange mussten Einstein und Higgs, der Nobelpreisträger des Jahres 2013, warten, bis ihre theoretischen Ansätze in der Praxis nachgewiesen wurden.

Stanley Meyer fuhr mit seinem "Wasserauto". Er hat diese Fahrt dokumentiert. Ein jeder kann sie bei Youtube sehen - zusammen mit anderen Beispielen der HHO-Technologie. Doch seit seinem Tod 1998 gibt es keine wesentlichen Fortschritte. Bis zum heutigen Tage wird noch kein „Wasserauto" als Serienprodukt angeboten.

Im Folgenden werde ich versuchen die PRO´s und CONTRA´s dieser Technologie näher zu durchleuchten.

2.1 These 1: Die Politik hat kein Interesse an dieser Technologie

Wir investieren Milliarden in die Erforschung unseres Weltklimas.

Am 2. Oktober 2013 schrieb die Frankfurter Allgemeine Zeitung über den Weltklimabericht (FAZ, 2.10.2013, Seite N1 "Das Kleingedruckte"). Folgende Aussagen sind wohl bedeutend:

"Startet man mit dem Jahr 1995 kommt man auf 0,13 Grad Erwärmung pro Dekade".

"Es ist extrem wahrscheinlich (Anm.: In der Sprache des IPCC bedeutet das einen Anteil von mehr als 95 Prozent), dass der Mensch der Hauptverursacher für die Klimaerwärmung seit Mitte des zwanzigsten Jahrhunderts ist."

IPCC steht für "Intergovernmental Panel on Climate Change". 195 Staaten sind involviert.

Gleichzeitig wird erwähnt, dass die globale Temperatur seit 1998 nahezu stagniert. Es ist zu bedenken, dass eine Zeitspanne von 15 Jahren nicht die langfristige Entwicklung abbildet.

Jeder Politiker, jeder Bürger sollte ein Interesse an der Verringerung der Erderwärmung haben, denn wenn die Temperatur in den nächsten Jahrzehnten um 1,5 bis 4,5 Grad ansteigt, dann bedeutet das für viele Menschen die Zerstörung ihrer Lebensräume durch Überschwemmungen, Tornados etc.

Dieser Lebensraum wird aber benötigt, um die prognostizierten 9- 10 Milliarden Menschen zu beherbergen und zu ernähren.

Somit ist das Thema in der Politik angekommen und wird umgesetzt. Das eindrucksvolle Beispiel ist doch wohl die **"Energiewende"** in Deutschland.

2.2 These 2: Das kann nicht funktionieren. Man erzielt keinen "Energiegewinn".

In der Tat ist die Leistung der heutigen HHO-Generatoren begrenzt. Sie basieren allein auf dem Prinzip der Elektrolyse. Bei einem begrenzten Raumangebot reicht die Menge des erzeugten Gases im mobilen Betrieb nicht oder nur begrenzt aus, um den Energieträger Diesel, Benzin, Gas komplett zu ersetzen.

Diese These ist annehmbar, gleichzeitig ist aber festzustellen, dass der Einsatz der HHO-Generatoren der heutigen Generation dazu beiträgt, die "Energieverbräuche" der Fahrzeuge im Bereich von 20 bis 40% zu senken. In der Praxis wurden diese Werte erreicht.

Es gibt auch zahlreiche Beispiele, die man im Internet finden kann, von Rasenmähern und Notstromaggregaten, die nur mit "Wasser" funktionieren.

Stanley Meyer erreichte in seinen Versuchen eine 5-7 mal so hohe Produktion der Gase. Dies war auch der Grund, warum sein Fahrzeug nur mit Wasser lief. Er hat das bewiesen, sein Wissen hat er mit ins Grab genommen. Was hindert uns daran, diese Technologie erneut zu "erfinden". Wir sollten hier Forschungsschwerpunkte bilden in den Universitäten, Fachhochschulen und Forschungszentren.

Es handelt sich um Grundlagenforschung. Stanley Meyer hat 20 Jahre an seiner Technologie gearbeitet. Realistisch könnte man das Geheimnis seiner Technologie in ca. 5 Jahren "knacken".

Das Investvolumen für die Grundlagenforschung schätze ich auf einen Betrag in der Größenordnung von 20 Mio. Euro.

Dieser Betrag ist verschwindend gering, wenn man bedenkt, dass Deutschland das Elektroauto derzeit mit 1,5 Milliarden Euro subventioniert hat.

Es sollten bereits am Beginn der Entwicklung die Automobilindustrie, die Heizungs - und Sanitärindustrie sowie das produzierende Gewerbe beteiligt werden. Denn die HHO-Technologie eröffnet die Möglichkeit, mit "Wasser" zu heizen, zu kühlen, zu fahren und zu produzieren.

Eines der Geheimnisse von Stanley Meyer ist, dass er nicht nur den reinen Wasserstoff, der im Rahmen der Elektrolyse entsteht, verwendete, sondern das Gemisch aus Wasserstoff und Sauerstoff.

Das Zusammenführen beider Gaskomponenten führt zum **HHO-Gas**, ein Gas mit hohem Energieinhalt. Dieses Gas wird auch **Oxyhydrogen** genannt. Man findet auch Bezeichnungen wie Brown´s Gas oder deutsch Brownsches Gas.

2.3 These 3: HHO-Gas ist gefährlich - es ist explosiv.

Alle Energieträger sind gefährlich und explosiv. Das gilt für Benzin ebenso wie für Gase. Es ist die Aufgabe der Ingenieure, Wissenschaftler und Fachkräfte, die Gefährlichkeit zu beherrschen. Dies hat man beim Automobil bewiesen. Es gibt strikte Normen und Verhaltensweisen, die sogar regelmäßig überwacht werden (Gasprüfung, TÜV etc.)

Wenn es uns gelingt, HHO-Gas in der Menge zu erzeugen, dass kein zusätzlicher Zwischenspeicher benötigt wird, ist das Problem bereits wesentlich entschärft. Das HHO-Gas wird direkt dem Verbrennungsprozess/ dem Motor zugeführt. Gespeichert wird lediglich Wasser.

2.4 These 4: Die großen Konzerne haben kein Interesse an der Technologie.

An dieser These mag etwas wahr sein. Diese Konzerne werden jedoch die Verlierer sein. Die Geschichte hat uns gelehrt: Keiner kann den Technischen Fortschritt aufhalten. Die Unternehmenslenker, die sich gegen neue Technologien gewehrt haben, haben das Unternehmen in den Abgrund geführt.

Die Geschichte der Computertechnologie liefert doch eindrucksvolle Beispiele. Die Unternehmen, die auf Großrechnern bestanden, verschwanden weitgehend vom Markt. Apple, Dell, HP machten das Rennen. Doch wenn auch diese Konzerne sich nicht weiterentwickeln, werden sie bald vom Markt verdrängt werden.

Denn der Markt, den stellen Millionen/ Milliarden von Menschen. Diese wollen eine preiswerte, zuverlässige und beherrschbare Technologie.

Man sehe sich doch nur die Börsenkurse der **großen Energieunternehmen** in Deutschland an: RWE und EON. Die Börsenkurse haben sich mehr als halbiert. Anleger haben Milliarden verloren.

Wenn diese Konzerne nicht umsteuern von Großkraftwerken auf kleine bis mittlere dezentrale Technologien, oder ihre

Großkraftwerke nicht auf der Basis der HHO-Technologie aufbauen oder umrüsten, dann werden ihre Zukunftschancen weiter sinken. Dabei ist das alles ein absolut überschaubares Themengebiet. Diese Unternehmen brauchen starke, mutige Manager, die diese Unternehmen umgestalten.

Die Solar - und Windenergie haben sich entwickelt auch ohne diese großen Player. Viele Bürger haben dazu beigetragen, dass die Windenergie bezahlbar wurde.

Ein Gesetz der Produktion besagt: Die Kosten fallen mit steigenden Stückzahlen und damit auch die Preise. Die zu spät auf den fahrenden Zug aufgesprungen sind, die haben hohe Verluste angehäuft. Man denke doch nur an das bewundernswerte Unternehmen Bosch und seinen Ausflug in die Solarenergie. Mehr als drei Milliarden Euro wurden inzwischen in den Sand gesetzt. Dies konnte man in der Presse lesen. Bosch verabschiedet sich von der Solarenergie.

Bosch ist jedoch jederzeit in der Lage, auf neue Technologien umzuschwenken.

Viele bedeutende Solarfirmen sind inzwischen in die Insolvenz gegangen. Sie konnten dem Preisdruck der Chinesischen Solarzellen nicht Stand halten.

Die Energiegewinnung aus Wasser wird zu vielen neuen Produkten und damit Arbeitsplätzen führen. Flexibilität im Denken ist gefragt.

Die Explorationsfirmen müssen ebenfalls um ihre Zukunft bangen, wenn sie sich nicht neue Geschäftsfelder erschließen. Öl- und Gasexplorationen werden Zug und Zug mit der Einführung der neuen Technologie weniger benötigt.

Denn Wasser ist überall ohne große Bohrungen verfügbar. Es reduziert sich auf die Lösung des Logistikproblems.

Das Transportwesen mit der geforderten Infrastruktur ist jedoch bereits vorhanden - auch in den "trockenen" Gebieten unserer Erde.

Die Probleme der Verseuchung unserer Meere durch Öl werden

der Vergangenheit angehören.

Exxon, Shell, BP etc. sollten die Chancen dieser neuen Technologie nutzen. Kommen nicht auf den Rohstoffkonzern BP Forderungen in der Größenordnung von 50 Milliarden USD zu, nur wegen eines einzigen Unfalls auf einer Ölbohrinsel im Golf von Mexiko (Deep Water Horizon)? Ob damit die langfristigen Schäden für das Ökosystem abgedeckt sind, kann derzeit noch keiner sagen.

Den Automobilfirmen und deren Zulieferern steht eine große Zukunft bevor. Sie brauchen nicht mehr um die CO2 Problematik kämpfen. Das Gewicht der Fahrzeuge wird sinken, die Fahrzeuge werden preiswerter und erschließen sich neue Käuferschichten.

Den Wunsch nach Mobilität hat ein jeder von uns.

Den Heizungsbauern und Klimageräteherstellern bieten sich auch neue Chancen. Denn diese Technologie wird es uns ermöglichen, dass wir mit Wasser heizen und kühlen.

Den Industriebetrieben wird diese Technologie ebenfalls nutzen. Sie können unmittelbar in ihrem Umfeld Energie erzeugen. Es wird neue Verfahren geben z.B. das Schneiden von Werkstoffen.

Energieintensive Betriebe mit tausenden von Arbeitsplätzen brauchen nicht in das Ausland auszuwandern. Denn Energie ist überall preiswert und nahezu unbegrenzte Zeit verfügbar.

Dazu ein Auszug aus der Frankfurter Allgemeinen Zeitung vom 26. Nov. 2013, Seite 10 „Chemiebetriebe zieht es verstärkt ins Ausland":

„Seit die Amerikaner Schiefergas mittels Fracking fördern, sind dort Energie- und Rohstoffkosten gesunken. Zugleich hat die Energiewende die Energiekosten in Deutschland kräftig verteuert. Strom sei aktuell 2,5 mal so teuer wie in Amerika, Gas „sogar dreimal so teuer", sagt VCI Hauptgeschäftsführer Utz Tilmann."

Die Schwierigkeiten der Übertragung großer Energieströme

durch die Netze werden verringert. Dezentrale Energieerzeugungsanlagen können einen großen Teil der Last übernehmen, die **Übertragungsnetze** werden entlastet.

Die **Probleme der Grundlast** werden verringert. Die HHO-Technologie wird auch dann funktionieren, wenn die Sonne nicht scheint, und der Wind nicht weht. **Man stelle sich vor, die modernen Gaskraftwerke werden statt Erdgas mit HHO-Gas betrieben.** Dann basieren auch sie auf regenerativen Energiequellen, sind also gleichberechtigt mit Photovoltaik und Windenergie. Sie benötigen allein Wasser als Energieträger. Ein Abschalten dieser hoch effizienten Kraftwerke aus Prioritätsgründen entfällt. Sie produzieren genauso „sauber" Strom wie die Photovoltaikkraftwerke und Windenergieanlagen.

Spätestens wenn die ersten Black-Outs (ungeplante Stromausfälle) in unserer Welt auftreten, wird man nach dieser Technologie verlangen.

Die **ärmeren Regionen unserer Welt**, Schwellenländer und Entwicklungsländer werden einen preiswerten Zugang zur Energie erhalten. Tausende neuer Arbeitsplätze werden entstehen.

2.5 These 5: Die Rohstoffländer werden diese Technologie bekämpfen.

Diese These mag kurzfristig wahr sein, langfristig ist sie aber falsch. Wir wissen, dass die Öl- und Gasvorräte begrenzt sind. Der Energiehunger der Welt wird durch die wachsende Bevölkerung steigen. Damit werden auch die Rohstoffpreise steigen.

Da die Einführung einer neuen Technologie im Bereich der Energiewirtschaft Innovationszeiträume von mehr als 30 Jahren benötigt, bevor sie in vollen Umfang wirksam wird, hat man hinreichend Zeit, die Strukturen in den Rohstoffländern zu verändern. Weise Politiker in diesen Ländern haben das längst erkannt und erschließen sich neue Geschäftsfelder.

Aus Rohölförderländern werden Handelszentren, Touristikzentren, Forschungs- und Produktionszentren....

2.6 These 6: Die Elektromobilität kann nicht die einzige Lösung sein.

Die Elektromobilität mag "berauschend" sein. Sie ist jedoch solange nicht überzeugend, solange Strom überwiegend aus Braunkohlen-, Steinkohlenkraftwerken und Atomkraftwerken "produziert" wird.

Denn diese Technologien erzeugen CO_2 und nukleare Abfallstoffe.

Solange diese herkömmlichen Technologien zum Einsatz kommen, verschieben wir lediglich die Emissionen aus dem Fahrzeug in die Kraftwerke. Das mag sinnvoll sein in Ballungsgebieten- führt jedoch nicht zu einer Verringerung der CO_2 Emissionen insgesamt.

Im Gegensatz dazu entfallen bei der HHO-Technologie diese CO_2 Emissionen und nuklearen Abfälle.

Batterien beinhalten darüber hinaus auch Giftstoffe (toxische Stoffe), die entsorgt werden müssen. Der spezifische Energieinhalt (Energieinhalt pro KG) von Batteriesystemen ist weitaus geringer als der von Benzin, Diesel, Gas. Sie beanspruchen dadurch ein höheres Bauvolumen und sind darüber hinaus schwer.

Das ist der Grund, warum sich Leichtbau im Automobil durchsetzt. Stahl wird zunehmend durch Kunststoffe und Kohlefasern ersetzt- man denke an den BMW-I3, der derzeit Furore macht.

Wenn wir HHO-Gas als Energieträger einführen, kann die heutige Logistikstruktur beibehalten werden. So wäre es z.B. denkbar, die E-10 Tanklager durch Wasser mit seinen Derivaten zu ersetzen. Unter Derivaten verstehe ich z.B.: Wasser muss im Winter frostfrei sein.

Diese Eigenschaft ist den Verbrauchern jedoch bereits beim Diesel bekannt (Sommerdiesel und Winterdiesel). Der Winterdiesel behält seine Fließfähigkeit auch noch bei minus 25 Grad Celsius.

Die Verbraucher müssen ihr Verhalten nicht ändern. Sie tanken nach wie vor an ihrer Tankstelle.

Die Autos werden leichter im Vergleich zu den heutigen Elektromobilen. Denn es entfallen die schweren Batteriesysteme.

Die Problematik der Entsorgung der Batteriesysteme wird verringert, denn es werden nur die Batteriesysteme im Bereich des Startvorganges benötigt.

Darüber hinaus werden die **Reichweiten** sich denen der heutigen konventionellen Fahrzeuge anpassen.

Die langen **Ladungszeiten** für die Batterien, wie sie ja heutige Elektromobile erfordern, werden wegfallen. Der Tankvorgang entspricht dem heutigen Ablauf.

Am 27. November 2013 (Seite 9) konnte man in der Frankfurter Allgemeinen Zeitung lesen „86 000 Elektro-Tankstellen für Deutschland …..Deutschland soll bis Ende 2020 mindestens 86 000 öffentliche Ladestationen für Elektroautos aufbauen….In der EU soll es bis dahin 450 000 Ladestationen geben. Die EU-Kommission hatte fast doppelt so große Ausbauziele gefordert." Zum Vergleich, „die Zahl der klassischen Tankstellen liegt in Deutschland bei 15 000 Stationen, nur ein Promille davon bietet Wasserstoff."

Die Motorentechnologie wird bei der Nutzung von HHO-Gas sich nicht wesentlich ändern. Hybridsysteme werden nicht unbedingt benötigt. Die Technik wird damit kostengünstiger zu produzieren sein als die Technik bei den Hybridfahrzeugen.

2.7 These 7: Dem Wasserstoffauto gehört die Zukunft.

BMW und Daimler haben hohe Forschungsaufwendungen getätigt: Ist das Wasserstoffauto das Auto der Zukunft?

BMW hat in seinen veröffentlichten Artikeln nur Kolbenmotoren verwendet. Das hat alles funktioniert, nur war anscheinend die Wirtschaftlichkeit nicht gegeben. Als Ergebnis können wir jedoch feststellen: Wasserstoff kann in herkömmlichen Motoren (Kolbenmotoren) verwendet werden. Daraus ist die Schlussfolgerung erlaubt: Herkömmliche Kolbenmotoren vertragen auch HHO-Gas, Knallgas, Oxyhydrogen.

Daimler hat einen anderen Forschungsansatz realisiert: Man setzte auf Brennstoffzellen und Elektroantriebe.

Die Funktion ist wie folgt: Wasserstoff wird der Brennstoffzelle zugeführt. Die Brennstoffzelle wandelt Wasserstoff und Sauerstoff in Strom um. Dieser Strom wird dem rein elektrischen Antriebsstrang zugeführt. Als betreuender Professor an der FH-Südwestfalen, Iserlohn bekam ich bei zahlreichen Diplomarbeiten einen Einblick in diese Technologie.

Diese Technologie hat den Prototypenstatus verlassen. Sie wird demnächst in der Mercedes B-Klasse und anderen Marken auf dem Markt verfügbar sein.

Das Problem ist derzeit die mangelnde Infrastruktur - Wasserstofftankstellen gibt es noch nicht flächendeckend.

Ein Problem der Wasserstofftechnologie sind die Tanks, die Wasserstoff speichern. Diese Tanks müssen hohen Drücken standhalten, nehmen Raum weg und sind schwer. Denn der Energieträger Wasserstoff hat bezogen auf das Bauvolumen nicht dieselbe Energiedichte wie Benzin oder Diesel.

Darüber hinaus ist Wasserstoff leicht flüchtig.

Zum Vergleich: Bei Verwendung der HHO-Technologie entfallen diese Problemkreise weitgehend:

1. Man benötigt nur drucklose "Wassertanks" in den Fahrzeugen. Damit wiegt ein "HHO-Auto" weniger als ein "Wasserstoffauto".

2. Der Tankvorgang ist absolut unkompliziert und gefahrlos.

3. Die HHO-Generatoren wandeln nur soviel Wasser in Knallgas/ HHO-Gas um, wie gerade im Fahrbetrieb benötigt wird. Allenfalls wird ein kleiner Zwischenspeicher benötigt.

4. Es gibt kein Infrastrukturproblem: Wasser ist nahezu an jeder Tankstelle oder anderen Orten(z.B. Supermärkten, Raststätten) vorhanden.

5. Bei allen übrigen Komponenten (Motoren, Getriebe...) kann man auf bewährte Baugruppen zurückgreifen, die sicherlich zum Teil einer Modifizierung bedürfen.

2.8 These 8: Mit HHO-GAS können wir heizen, kühlen und produzieren.

HHO-Gas ist auch im Bereich des Heizens und Kühlens in den Wohnhäusern, Officezentren, den Produktionsbetrieben, Dienstleistungsbetrieben, Lagerhäusern, Servicebetrieben u.a. zu verwenden.

Auch für die energieintensiven Betriebe Stahl, Stahlverarbeitung, Aluminium, Chemie, Glas ist dies eine Option, die sicherlich eines hohen Forschungsaufwandes bedarf.

Stanley Meyer hat seine Systeme auch mit Meerwasser betrieben. Meerwasser enthält Salze. Die Elektrolyse braucht einen Katalysator, wie wir in den folgenden Kapiteln sehen werden. Sein Bestreben war es jedoch, ohne Katalysatoren auszukommen.

Wir sollten uns einfach mal vorbehaltlos mit dieser Technologie beschäftigen.

Wenn wir bedenken, dass das neue Kraftwerk in Datteln/NRW bereits im ersten Jahr Verluste von 100 Mio. Euro verursacht, die dann auch von den Verbrauchern abgedeckt werden müssen, warum wagen wir nicht einfach mal den Start in die HHO-Technologie.

Im nächsten Kapitel werde ich interessante Links, insbesondere zu Youtube und MyVideo auflisten. Man erkennt das Engagement zahlreicher Erfinder aus den Bereichen

- Heizen,

- Kühlen,

- Fahren und

- Produzieren.

Man kann sich bereits funktionierende Systeme ansehen. Was will man mehr.

Keiner wird die Entwicklung dieser Technologie aufhalten. Wir können sie nur verzögern. Das wird aber zu unser aller Nachteil sein.

Es ist also unser aller Aufgabe, diese Innovationen zu Prototypen und marktfähigen Serienprodukten weiter zu entwickeln und sie auf dem Markt zu platzieren.

So werden wir uns Schritt für Schritt aus der Umklammerung von Öl, Benzin, Diesel, Gas, Kohle und Nuklearenergie lösen. Kriege um Öl, Gas und Kohle werden der Vergangenheit angehören, wenn die getätigten Aussagen und Bilder/Videos sich in der Praxis, insbesondere im Dauertest bewahrheiten.

3. HHO-Gas, Knallgas ,Oxyhydrogen, Brown´s Gas

Folgende Prozesse zur Wasserspaltung sind bekannt:

3.1 Verfahren zur Gewinnung von HHO-Gas

1. Elektrolyse

In diesem Verfahren werden zwei Flächen (Platten, Zylinder oder andere Ausprägungsformen) in das Wasser eingebracht. Diese Flächen sind voneinander isoliert. Ein Flächenelement wird mit dem Pluspol verbunden (Anode), das andere Flächenelement mit dem Minuspol (Kathode).

An der Kathode also dem -Pol entsteht das Wasserstoffgas ($2H_2$) an der Anode, also dem + Pol entsteht Sauerstoff (O_2).

Wenn sich Sauerstoff und Wasserstoff extern miteinander vermischen, entsteht Knallgas.

Die Elektrolyse bedarf eines Elektrolyten, um die Leistung zu steigern. Durch den Zusatz von Schwefelsäure oder Lauge wird die Flüssigkeit leitfähiger.

Auch die Verwendung von Kochsalz als Elektrolyt ist möglich. Dabei kann aber neben/anstatt dem Sauerstoff Chlor entstehen bei entsprechenden Stromstärken.

Die Forschung wird uns zeigen, ob wir auf diese Elektrolyten langfristig ganz verzichten können.

2. Thermische Wasserspaltung

Man kann die Wasserspaltung auch bei sehr hohen Temperaturen durchführen. Die Temperaturen müssen oberhalb von 2500 Grad Celsius liegen. Dieses Verfahren nutzten die Amerikaner im Vietnamkrieg, um kurzzeitig die Leistung der Strahltriebwerke zu erhöhen. Nur mit diesem Verfahren waren die B52 Bomber in der Lage, mit der todbringenden Last abzuheben. In den Triebwerken sind durch den Verbrennungsprozess sehr hohe Temperaturen bereits vorhanden. Auf diesem Temperaturniveau setzt die Thermische Wasserspaltung auf.

3. Photokatalyse

Dieses Verfahren ist eine Verbindung von Sonnenenergie und einem im System integrierten Katalysator. Die bislang erreichten Wirkungsgrade liegen bei ca. 5%. Angestrebt wird ein Wirkungsgrad von ca. 10 %. Dieser Wert ist theoretisch durchaus vorstellbar.

Ein Solarzelle erreicht derzeit einen Wirkungsgrad von 17%- im Idealbetrieb-. Der Wirkungsgrad der Elektrolyse liegt bei ca. 60%- damit liegt man bei einem Gesamtwirkungsgrad von ca. 10%. Man könnte also ein derartiges integriertes System auch durch zwei Teilsysteme ersetzen- Solarsystem und Elektrolysesystem-.

4. Resonanzverfahren

Stanley Meyer hat mit Hilfe des Resonanzverfahrens den Output der Zelle um den Faktor 5-7 erhöht. Das Resonanzverfahren basiert auch auf der Elektrolyse. Jedoch wird die Gleichspannung von einer hohen Pulsfrequenz überlagert.

Die Wirksamkeit seiner Erfindung hat er eindrucksvoll mit seiner Fahrt mit einem Fahrzeug, das auf einem VW-Käfermotor basiert, bewiesen. Seine Fahrt und seine Erfindung ist dokumentiert unter www.youtube.com. Es ist davon auszugehen, dass Stanley Meyer Brown´s Gas verwendet hat.

3.2 Eigenschaften von HHO-Gas, Knallgas, Brown´s Gas

„Knallgas HHO, im engl. Sprachraum auch Oxyhydrogen genannt, ist eine detonationsfähige Mischung von gasförmigem Wasserstoff H2 und Sauerstoff O2. Ein fertiges Gemisch aus Wasserstoff und Sauerstoff im Verhältnis 2:1 ist auch in geringen Mengen explosiv. Nutzt man hingegen nur Wasserstoff als Ausgangsprodukt und mischt es mit Luft unter atmosphärischem Druck, muss der Volumenanteil des Wasserstoffs zwischen 4% und 77% liegen. Werden diese Grenzwerte unter- bzw. überschritten, kommt es nicht zu einer Explosion/Detonation. Durch eine kontrollierte Verbrennung an einer Mischdüse kann eine kontinuierliche Knallgasflamme erzielt werden. Die Detonationsgeschwindigkeit liegt bei 2820m/sec.

Die Reaktionsgleichung lautet

2H2 + O2 → 2H2O

Das Reaktionsprodukt ist Wasser. Die freiwerdende Energie ist 571,6 KJ/mol. Damit ändert sich die Enthalpie für ein Mol des entstehenden Wassers um -286 KL/mol.

Damit lautet die Gleichung bei

der Elektrolyse   2H2 → 2H2 + O2

der Verbrennung 2H2 + O2 → 2H2O"   (Quelle: Wikipedia)

Bei Kontakt mit offenem Feuer (Glut oder Funke) erfolgt die Knallgasreaktion. Es handelt sich um eine exotherme Reaktion, d.h. Wärme wird frei. **Wasserstoff verbindet sich mit dem Sauerstoff aus der Umgebungsluft.**

Unter der Adresse www.borderland.de findet man den Bezug zu Prof. Dr. Yul Brown (1922-1998). Prof. Dr. Yul Brown lebte und arbeitete in vielen Ländern- unter anderem auch in China. Er starb in Australien.

Herr Dr. Brown hat sich intensiv mit HHO-Gas beschäftigt. Sein Auto fuhr mit einer Gallone Wasser (3,785 Liter) 1.000 Meilen (1.600km). **Das entspricht einem Verbrauch von 0,24 Liter Wasser pro 100 km Fahrtstrecke- ein sicherlich sensationeller Wert.**

So erfahren wir auch durch seine Veröffentlichungen, dass 442,4 Kilokalorien nötig sind, um Wasser zu spalten.

Weiterhin verweise ich auf das Buch von Ulrich Sackstedt „Brown´s Gas die unerschöpfliche Energiequelle." Es ist im Jupiter Verlag erschienen, Zürich 2012.

Herr Prof. Dr. Brown erzeugte je KWH (Kilowattstunde) 340 Liter Gas.

Er wies nach, dass bei Nutzung seines Verfahrens sich aus einem Liter Wasser 1866 Liter HHO-Gas erzeugen lassen. Dieses besteht aus 1244 Liter Wasserstoff und 622 Liter Sauerstoff- also im Verhältnis 2:1.

Es ist ein reversibler Prozess, d.h. ein umkehrbarer Prozess. Aus einem Liter Wasser entstehen 1866 Liter HHO Gas und reversibel aus 1866 Liter HHO-Gas entsteht 1 Liter Wasser - also ein fast perfektes Vakuum im Verhältnis 1866:1. (Zum Vergleich: Bei normaler Elektrolyse kann man aus einem Liter Wasser 933,33 Liter HHO-Gas erzeugen.)

Brown´s Gas wird durch die chemische Formel $2H_2 + O_2$ beschrieben. Zum Vergleich Wasser wird durch die chemische Formel $2H_2O$ beschrieben.

Sein HHO-Gas wird Brown´s Gas genannt. Die Flammentemperatur von Brown´s Gas liegt im Bereich von 129-138 Grad Celsius. Trifft diese Flamme auf ein Medium, dann kann sich an dieser Schnittstelle die Temperatur auf mehr als 6000 Grad Celsius erhöhen. „So kann man Stahl und Stein miteinander verschweißen, Gusseisen und Aluminium, Glas und Kupfer, Quarz und Gold. usw."

Bei der Verwendung der herkömmlichen Elektrolyse entsteht Wärme, bei der Gewinnung von Brown´schem Gas wird keine Wärme „produziert". Der Energieinhalt von Brown´s Gas liegt fünfmal so hoch, wie der von Benzin.

Brown´s Gas braucht keinen externen Sauerstoff im Gegensatz zum Knallgas s.o.. Das Gemisch beinhaltet bereits den zur Verbrennung benötigten Sauerstoff. „Die Art der Verbrennung ist endotherm. Es handelt sich um eine implosive Verbrennung. Sie erzeugt ein Vakuum. Aus diesem Grund weist der Flammenstrahl eine lange, schmale, tunnelförmige Form auf." (Sackstedt S.44)

Weiterhin wies Dr. Brown in seinem Versuch darauf hin, dass das Brown´sche Gas nicht explodiert, sondern implodiert. Aus einem Explosionsmotor wurde damit ein Implosionsmotor.

Er erreichte Temperaturen mit seinem Gas von mehr als 6000 Grad Celsius. Dies konnte er dadurch nachweisen, dass sich Wolframfäden verflüssigten (Anmerkung des Autors: Wolfram geht bei Temperaturen von mehr als 5930 Grad Celsius in den gasförmigen Zustand über, der Schmelzpunkt von Wolfram liegt bei 3422 Grad Celsius (Quelle Wikipedia „Wolfram").

Hier noch ein Vergleich von Brown´s Gas zu anderen Gasen

„Gasart	Energieinhalt
Browns Gas	153,5 Megajoule/kg
Wasserstoff	119,3 Megajoule/kg
Benzin, Diesel, Rohöl	etwa 31 bis 37 Megajoule/kg „

(Quelle, Sackstedt, S.52).

Fassen wir noch einmal die Eigenschaften von Brown´s Gas zusammen.(Sackstedt S. 56)

„-es ist flexibel reagierend, zum Teil sehr hohe Flammentemperatur (je nach Einsatzgebiet und Stoff)- im Leerlauf erreicht die Flamme eine Temperatur von nicht mehr als 138 Grad Celsius.

- problemlose Handhabung der Schweißflamme und des Brenners.

- die Speicherung in Druckluftflaschen entfällt, wegen der Gasproduktion an Ort und Stelle (on demand)

- der wesentlich höhere Brennwert (das 4 bis 5 fache von Benzin und Diesel)

- ein Gas, das sogar das sehr widerstandsfähige Wolfram zum Schmelzen und sogar zum Sublimieren (gasförmige Phase) (ca. 6000 Grad Celsius) bringt.

- ein Gas, mit dem unterschiedlichste Materialien verschweißt werden können (z.B. Stein und Eisen (Stahl), Gusseisen und Aluminium, Glas und Kupfer, Quarz und Gold u.a.

- ein Gas, das eine sehr hohe Flammen-Ausbreitungsgeschwindigkeit besitzt, viel höher als die einer Azetylenflamme oder einer Kraftstoff-Luft-Gemisch- Flamme im Motor.

- Mit der Flamme kann man ungewöhnlich exakt arbeiten.

- Es entstehen Reinigungseffekte bei inneren Motorablagerungen. Die langen Kohlenwasserstoff-Kettenmoleküle werden aufgebrochen, so dass deren Bruchstücke einer optimalen Verbrennung zugeführt werden.

- Bei Browns Gas bleibt als Verbrennungsprodukt das über, was vorher das Ausgangsprodukt war, nämlich Wasser. Es gibt keinerlei Rückstände."

Ich verweise auch auf www.wasserauto24.net und www.browns-gas.de. Dort kann man alle Bücher zu diesem Themenkreis beziehen.

Detailliert wird auch in der Zeitschrift **Netjournal Jahrgang 16, Nr1/2** (Jan. /Febr. 2011) auf Dr. Brown Bezug genommen.

Die Bauanleitung zum Elektrolysegerät von Dr. Brown kann man von Eagle Research über Lothar Grüner email: lgruener@berlin.de beziehen.

Die gleiche Reaktion findet in der Brennstoffzelle statt. Hier erfolgt keine Explosion. Die frei werdende Enthalpie wird zum Teil als Strom zum Teil als Wärme umgesetzt.

Weiterhin kann man im Internet folgende Werte finden:- Flammentemperatur von HHO-Gas im adiabatischen Zustand (also im Arbeitsbereich) 2800 Grad Celsius. Zum Vergleich: Bei Erdgas beträgt die Flammentemperatur im adiabatischen Bereich 900 Grad Celsius.)

Das HHO-Gas gilt als „zero emission fuel", also emissionsfreier Brennstoff. Zurück bleibt nur Wasser und im Idealzustand treten keine weiteren Emissionen auf.

3.3 Trockenzelle, Dry-Cell, Nasszelle

Den Aufbau einer **Dry-Cell = Trockenzelle** kann man im Video bei youtube unter dem Titel **"HHO DryCell Construction"**, eingestellt von "slavomisspower" sehen. Der Vorteil einer Dry-Cell ist, dass sie vollständig unter Wasser steht. Ungewollte Knallgasreaktionen sind damit ausgeschlossen.

Demgegenüber sammelt sich bei einer **Nasszelle** Knallgas oberhalb der Platten oder Zylinder. Falls es keine Rückschlagsicherungen gibt, kann es zum Beispiel bei einem Unfall zu unerwünschten Detonationen in der Zelle kommen.

3.4 Arrestoren / Flammenrückhaltesysteme

Damit ein Zurückschlagen der Flamme verhindert wird, kommen Arrestoren = Flammenrückhaltesysteme zum Einsatz.

HHO-Gas, Knallgas hat die Eigenschaft, dass es auch ohne die Zufuhr von externem Sauerstoff brennt. Dazu findet man bei

Youtube zahlreiche Beispiele. Die Flamme wird in das Wasser gehalten und brennt weiter.

Ein Flammenrückhaltesystem ist der **Bubbler**. Dieser Bubbler ist nichts anderes als ein Gefäß, gefüllt mit Wasser, in das Knallgas von der Zelle geleitet wird. Es steigt nach oben in das weiter führende Leitungssystem. Ein Zurückschlagen der Flamme wird dadurch verhindert.

Ein weiteres Flammenrückhaltesystem in der gasführenden Leitung ist z.B. ein **Zylinderrohr, das mit Wolle aus Edelstahl gefüllt ist**. An diesem Rohr wird die Austrittsdüse befestigt.

4. Beispiele realisierter Lösungen – Heizung

Im Video (Youtube) **"HHO Wasserstoff Heizung 2013"** sieht man deutlich den Prozessablauf. Der Name des Erfinders ist Herr Karl Kandera.

Der Versuchsstand besteht aus der Zelle (Dry-Cell), dem Bubbler und dem Brenner. Das in der Dry-cell entstehende Gas wird durch den Bubbler geleitet.

Durch den "Bubbler" ist damit sichergestellt, dass das Gas nicht zurück fließen kann. Der Bubbler ist somit ein Sicherheitselement, das eine Knallgasreaktion in der "Dry-Cell", dem HHO-Gasgenerator verhindert.

Dieses HHO-Gas wird über eine Leitung dem Brenner zugeführt.

Es sei angemerkt, dass vor dem Brenner ein weiteres Sicherheitselement benötigt wird. Dieses besteht aus einem Rohrstück, das mit nicht rostender Stahlwolle gefüllt ist. (Wir hatten ja von Dr. Brown gelernt, dass HHO-Gas nicht explodiert, sondern implodiert.) Durch die Stahlwolle wird das Zurückschlagen der Flamme in das Leitungssystem verhindert.

(Hierzu findet man auch ein interessantes Video **"HHO-Workshop Teil 1"**. In diesem Video wird der Prozessablauf detailliert beschrieben.)

Im ersten Teil des Videos zur Heizung sieht man das brennende Gas aus einer Düse strömen.

Im zweiten Teil seines Videos hat Herr Kandera mit Hilfe der Düse das HHO-Gas in ein Röhrensystem eingeleitet. Die Flamme mit ca. 3000 Grad Celsius Flammentemperatur trifft auf einen Wolframfaden.

Dieser Wolframfaden, der mehrere Tausend Grad Celsius "verträgt", wandelt die stichartige Flamme in einen Feuerball um. Dadurch erhöht sich die Oberfläche. Luft wird von unten zugeführt, durch die Thermik wird sie nach oben getragen. Die erwärmte Luft prallt auf eine Platte.

Wassertropfen entstehen, die wiederum nach unten tropfen und auf den heißen Wolframfaden treffen.

Hier wird also deutlich, dass neben der Elektrolyse auch die thermische Wasserspaltung zum Einsatz kommt. Jeder zurückfallende Tropfen führt zu einer weiteren Knallgasreaktion im Rohr. Der rotglühende Wolframfaden hat eine Temperatur von mehreren tausend Grad Celsius.

(Würde man die Abwärme mit der LOTES-Technologie nutzen, könnte der Energiebedarf des Gesamtsystems weiter minimiert werden. Die LOTES-Technologie ermöglicht eine Umwandlung der Abwärme in Strom.)

Das zweite, umhüllende Rohr dient lediglich der Wärmedämmung also dem Schutz.

Im dritten Teil des Videos wird das System in ein bereits vorhandenes Wandgerät eingebaut. Der Erfinder geht von einer Heizleistung von 10 KW thermisch aus. Diese Heizleistung ist ausreichend für die meisten Wohnungen und wärmegedämmten Einfamilienhäuser in Deutschland.

Die weitere Entwicklung des Systems würde damit zu einer **"HHO-Wasserheizung"** führen. Die Kombination mit der LOTES-Technologie und dem Resonanzverfahren führt damit zu einem Mikroblockheizkraftwerk, das lediglich mit Wasser betrieben wird.

Dieses Mikroblockheizkraftwerk kann somit Heizungswärme, Warmwasser und Strom erzeugen.

Ist das nicht eine phantastische Vision?

Im Video **"HHO-Heizung neuer Versuch"** kombiniert man das Gassystem (HHO-Generator) mit einer bereits vorhandenen Heizungsanlage eines bekannten Herstellers.

Bei einer Außentemperatur von 9 Grad Celsius und einer geforderten Raumtemperatur von 23 Grad Celsius wird eine Vorlauftemperatur von 47 Grad Celsius benötigt, wie die Messinstrumente zeigen.

Im Video (Youtube) **"HHO.Wasserstoff Heizung vom feinsten Madlein Germany AVI"**

findet man ein System zur Heizung mit folgenden Merkmalen

- es kommen 125 Platten im HHO-Generator zum Einsatz

- Spannung 230 Volt

- Strombedarf 6 A

- thermische Leistung ca. 6000 Watt.

Bei einer Eingangsleistung von 1380 Watt (=230 Volt x 6 Ampere) wird eine thermische Leistung von 6000 Watt generiert. Die Leistungszahl des Systems beträgt damit 4,35.

(Die Leistungszahl ist definiert als = Wärmeleistung Output/ Elektrischer Input also 6000 Watt- thermisch/ 1380Watt- elektrisch).)

Sicherlich bedürfen alle oben genannten Werte und Aussagen einer Überprüfung in der Praxis

- hinsichtlich der erreichten Kennzahlen und

- der Dauerlastfähigkeit.

5. Beispiele realisierter Lösungen- Mobilität

5.1 Mobilität - 100% Ersatz von Benzin, Diesel, Gas durch HHO-Gas

Die Abhängigkeit unserer Volkswirtschaft von Benzin, Diesel und Gas ist im Bereich des Fahrens/ der Mobilität am größten. Der Anteil der Elektrofahrzeuge ist derzeit verschwindend gering.

Lediglich der Bahnverkehr basiert auf dem Energieträger Strom. Der Vollständigkeit halber sei erwähnt, dass auch im Bahnverkehr Diesel- oder Dieselelektrische Antriebe zum Einsatz kommen.

Die Schifffahrt und der Luftverkehr könnte ohne die fossilen Brennstoffe nicht stattfinden - Dieselöl und Kerosin - sind gefragt. In der Schifffahrt wird darüber hinaus Schweröl eingesetzt mit katastrophalen Folgen für unsere Umwelt. Gas wird in der Schifffahrt eine zunehmend bedeutendere Rolle einnehmen. Schweröl darf aufgrund der hohen Emissionen nicht mehr in Küstennähe angeboten werden.

Inzwischen gibt es zahlreiche Hinweise im Internet, die zeigen, dass man ein Auto und ein Motorrad auch ausschließlich mit "Wasser", HHO-Gas betreiben kann oder sich zumindest hohe Energieeinsparungen erreichen lassen. Die Raten der Energieeinsparungen liegen zwischen 20 und 50%, bezogen auf den „Spritverbrauch".

In dem folgenden Kapitel gehe ich zunächst auf die Lösungen ein, die Benzin/Gas/Diesel 100% durch "Wasser"/ HHO-Gas ersetzen.

Diese Beispiele werde ich Zug um Zug ergänzen.

Als Erstes möchte ich auf das Video bei www.youtube.com

"Stanley Meyer and his brother on how the water fuel.."

verweisen.

In diesem Video beschreibt Herr Meyer relativ detailliert seine Technik. Am Oszilloskop kann man die Schaltzeiten seines "Dry-Cell"-Systems erkennen. Das sieht beeindruckend aus.(Anmerkung des Autors: Es handelt sich nicht um eine Dry-Cell, sondern um eine Nasszelle.)

Mit heutiger Technik könnten alle Funktionen von einem kleinen Mikrorechner mit einem oder mehreren angeschlossenen Leistungsverstärkern übernommen werden. Das Bauvolumen würde sich drastisch verringern.

Man erkennt auch den Einbau und die Anordnung seiner Technikkomponenten in einem Fahrzeug.

Auf ein weiteres Video bei youtube möchte ich verweisen:

"Stan Meyers water powered Buggy"

In diesem Video, das von **"Mokdo68"** eingestellt wurde, ist die Fahrt von Stanley Meyer mit seinem Buggy dokumentiert.

Weitere Informationen über Stanley Meyer findet man unter www.wasserauto.de. Hier sind auch die Details seiner Erfindung- soweit bekannt - beschrieben. Er arbeitete mit einer Frequenz im Bereich von 20 KiloHertz, seine Impulsfolgen waren unregelmäßig. Sie hatten einen Verlauf, der einem Sägezahn ähnlich ist- also erst schwach, dann immer stärker ansteigend.

Darüber hinaus sind die Links zu seinen Patentschriften angegeben.

Ein weiteres Video findet man bei Youtube unter **"Stanley Meyers amazing water powered car"**. Das Video wurde von **"water4octanes"** eingestellt.

In dem Video (Youtube) **"Stan Meyer explains the water fuel technology"**, eingestellt von **"delvis11"** findet man weitere Hinweise.

Bei dem Motor handelt es sich um einen VW-Motor, der millionenfach im VW-Käfer eingebaut wurde. Da die Steuerung des Motors auf elektromechanischer Basis funktioniert, war eine

Änderung der Steuerzeiten und Technikkomponenten relativ einfach möglich.

Auch wenn Herr Stanley Meyer umstritten sein mag, so hat er wohl als Erster sein "nur mit Wasser getriebenes Fahrzeug" vorgestellt und seine Funktion bewiesen. In den Videos findet man zahlreiche Zeugen.

Dazu eine kleine Berechnung: Stanley Meyer verwendete einen Volkswagen- Käfer Motor. Geht man von der Leistung der Lichtmaschine von 2 KW aus und einer Antriebsleistung von 34 PS (= 25 KW), dann hat Stanley Meyer aus 1 Liter Wasser und einer elektrischen Inputleistung von 2 KWel eine thermische Leistung von 25 KWth. „erzeugt". Würde man den Motor mit einem Generator mit einem Wirkungsgrad von 95% kombinieren, dann wäre die Ausgangsleistung ca. 23,75 KWel. plus der Abwärme des Motors.

Der Input des Systems wären damit ein Liter Wasser plus 2 KWel. Der Output wären ca. 24 KWel plus der Abwärme des Motors. Es ist bekannt, dass Ottomotoren mit einem Wirkungsgrad von ca.33% betrieben werden.

Gestatten Sie mir eine grundsätzliche Bemerkung: Ich frage mich, ob die negative Einstellung gegenüber Stanley Meyer nicht auch ein wenig von der "Hochnäsigkeit" der Wissenschaft geprägt ist.

Stanley Meyer hat nie studiert, er war Autodidakt. Es sei angemerkt, dass ein jeder Erfinder, auch wenn er studiert hat, Autodidakt ist...denn er beschreitet neue Wege. Es sei angemerkt, dass Herr Faraday, der den berühmten Faraday´schen Käfig entwickelt hat, auch Autodidakt war.

In der Wissenschaft kann man den **induktiven Weg** beschreiten, d.h. man geht von der Theorie aus und sucht nach dem praktischen Beweis (Beispiele: Relativitätstheorie von Einstein, Higgs Teilchen von Higgs)

oder

man wählt den **deduktiven Weg**: Man erkennt eine

Wirkungsweise in der Praxis und sucht nach dem theoretischen Ansatz. (Beispiele: Erfindung des Stirling Motors, die Theorie wurde erst später geliefert.)

Beide Methoden sind in der Wissenschaft gebräuchlich.

Erst die Entdeckung der Kettenreaktion von Prof. Dr. Werner Heisenberg (1901-1976) und seinem Team hat die Atomenergie zu dem gemacht, was sie heute ist. Der bedeutende Physiker Prof. Enrico Fermi, der seinen Studenten die Wirkungsweise des Urans anschaulich erläuterte- er hielt das Uran in den Händen und bemerkte die Wärmeentwicklung - konnte die Bedeutung der Atomenergie in seinem gesamten Ausmaß erst erahnen. Er starb vom Krebs gezeichnet. Weitere berühmte Wissenschaftler, die die Kernenergie geprägt haben, sind Prof. Dr. Otto Hahn, Frau Prof. Dr. Liese Meitner, Fritz Strassmann u.a..

Man findet im Internet einen weiteren Hinweis auf ein Auto, das nur mit Wasser betrieben wurde. Der Name des Erfinders ist **Daniel Dingel**. Herr Dingel kommt nicht wie Herr Stanley Meyer aus den USA, sondern aus den Philippinen.

Das Video ist bei youtube eingestellt **"Daniel Dingel and his water powered car"** von **"water4octanes"**. Herr Dingel führt in diesem Video sein Fahrzeug vor und erklärt es einem Publikum. Seine Erklärungen werden auch von einem Wissenschaftler kommentiert.

Herr Dingel erklärt, dass er mit einem Liter Wasser mit einer Geschwindigkeit von 65 Meilen per Stunde (104 km/h) eine Stunde gefahren ist. (Eine Meile entspricht 1600 m. Somit enspricht eine Distanz von 65 Meilen einer Fahrtstrecke von 104 km.) **Damit benötigte Herr Dingel ungefähr einen Liter Wasser für 100 km.**

Ich erinnere mich als "AutoBild"- Leser noch sehr gut an eine Dokumentation dieser Zeitschrift vor ca. 20 Jahren. Redakteure der Zeitung haben Herrn Dingel auf den Philippinen besucht. Sie haben das Fahrzeug untersucht und sogar ihre eigenen Erfahrungen durch eine externe BMW-Werkstatt bestätigen lassen: Es gab keine Tanks für fossile Brennstoffe wie Benzin, Gas, Diesel. Zum Antrieb wurde lediglich eine Zelle verwendet, die Wasser in Wasserstoff oder ein Mischgas umwandelte.

Die letzte Veröffentlichung von AutoBild über Herrn Dingel fand ich am 15. Dezember 2000 „Auch Herr Dingel kocht nur mit Wasser."

Ich zitiere: „Rein äußerlich und bis auf den Motorraum ist Dingels Auto ein ganz normaler Viertakt- Vierzylinder. Er wird wie jeder andere gestartet, zeigt das gleiche Fahrverhalten, hört sich wie ein handelsüblicher Corolla an und bietet auf den ersten Blick keinerlei Norm-Abweichungen. Kein mysteriöses Gefummel, keine Zusatzschalter, außer ein paar für einen „Prototypen" üblichen Messschaltern. Mit Sicherheit hat er auch keine verborgene Brennstoffzelle an Bord. Das Ding ist total normal." Soweit das Zitat von Herrn Klauke, Geschäftsführer von zwei Smart-Centern in Köln und Aachen in AutoBild. Es sei erwähnt, dass Herr Klauke von Beruf KFZ-Ingenieur ist, also ein erfahrener Mann.

Aus meiner Sicht handelte es sich um Knallgas/Oxyhydrogen/ Brown´s Gas. Die Autoren des Artikels haben das Fahrzeug selbst gefahren und die Funktion bestätigt.

Das war vor mehr als 13 Jahren. Da muss man sich doch fragen: Warum ist keiner auf diese Technologie "gesprungen"? War das alles nur Betrug, oder haben starke Interessengruppen daran gearbeitet, diese Technologie zu behindern? Ich halte AutoBild für eine seriöse Zeitung.

Ein weiteres Beispiel eines mit lediglich "Wasser" betriebenen Autos finden Sie unter **"Das Wasserauto 1 Liter auf 80 km"**. Diese Erfindung kommt aus Japan.

Das Beispiel ist überzeugend: Ein Fahrzeug von der Größe eines Smarts fährt mit einem Liter Wasser 80 km weit. Dieses Modell wurde in Japan gebaut. Ein weiteres Video zu diesem Unternehmen findet man unter **"1 Liter Wasser für eine Stunde Betriebszeit"** von "seawater car".

Weitere Hinweise zu diesem Fahrzeug findet man www.genepax.co.jp. Herr Kiyoshi Hirasawa ist der Präsident des Unternehmens. Er erwähnt, dass seine Zelle 300 Watt verbraucht, und die Herstellkosten dieser Zelle bei ca. 18 000 USD liegen. Diese 18 000 USD werden keinen Produktionsingenieur schrecken. Bei größeren Stückzahlen werden die Preise erheblich sinken. Die Hersteller suchen Lizenzpartner. (Es sei erwähnt, dass das Unternehmen seinen Betrieb inzwischen eingestellt hat. Quelle: Andreas von Retyi, Energie ohne Ende, Kopp-Verlag, Rottenburg 2013)

Beeindruckend wird die Produktion des HHO-Gases in der Dry-Cell im Video (Youtube) **"The resonant cavity tube in action"** gezeigt. Die Bauform der Dry Cell beruht nicht auf Platten, sondern auf einem Rohrsystem -ähnlich wie Stanley Meyer sie gebaut hatte. Das Video wurde von **"The waterenergy1"** eingestellt.

Dieses Unternehmen hat auch die Technologie in einen Chevrolet-Kleinwagen eingebaut. Die Messwerte während der Fahrt können auf dem Computer nach verfolgt werden. In diesem Versuch wurde die Elektronik an das Fahrzeug angepasst.

Dieses Video finden Sie unter dem Titel **"100% on hydrogen on demand chevy"**.

Es ist zu beachten: Das Video ist neu und wurde am 8.Juni 2013 ins Netz gestellt.

Auch in ein Fahrzeug der Marke **Kia Rio** wurde ein HHO-System eingebaut. Dabei wurde das Fahrzeug nicht modifiziert: **"unmodified car engine running on 100% Hydrogen Gas Device"**. Der Autor des Videos ist **"ethospete"**.

In der Plattform **Youtube** wird unter dem Titel **"Truck runs 100% on water not on gasoline"**, eingestellt von **"overunitydotcom"** ein Pick-up gezeigt. Dieses Fahrzeug fährt nur mit Wasser. Der Autor zeigt die Komponenten und den Umbau. Die HHO-Zelle ist in Form einer Nasszelle aufgebaut.

Man erkennt, wie sich der Druck im System aufbaut. Das Starten funktioniert reibungslos, und der Erfinder nimmt seinen Besucher mit auf Fahrt. Offensichtlich wurde das Video in den USA gedreht und ist neueren Datums.

Man erkennt, dass selbst Motoren mit größerem Volumen auf einen 100% „Wasserbetrieb" umrüstbar sind.

Man stelle sich mal die Realisierung dieser Vision vor:
- Die Fahrzeuge „erzeugen" im Fahrbetrieb kein CO2 und keine anderen "green gases" mehr. Das Abfallprodukt ist Wasser.

- Auf die schweren und teuren Batteriesysteme kann verzichtet werden.

- Man benötigt keine teure Infrastruktur für die Wasserstofftankstellen.

- Die Energie wird "on demand" = nach Bedarf erzeugt. Schwere Drucktanks für Wasserstoff und Gas entfallen in den Fahrzeugen. Wasser mit seinen Derivaten kann drucklos gelagert werden. Die vorhandene Infrastruktur kann man nutzen.

- Wasser ist überall verfügbar. Man kann Süßwasser, Meerwasser oder auch Schnee verwenden. Man kann sogar die Ausscheidungen des Menschen verwenden. Der Mensch scheidet pro Tag ca. 2 Liter Urin aus. Es werden ca. 25 Liter Wasser verbraucht, um diese Flüssigkeit wegzuspülen. Geht man nun von der Annahme aus, dass ein Liter Wasser dem Energieinhalt von 6 Litern Benzin entspricht, dann würde allein das Abwasser ausreichen, um unseren Energiebedarf zum wesentlichem Teil zu decken. Weiterhin ist bekannt, dass der Meerwasserspiegel inzwischen schon auf Grund der Klimaerwärmung um 19 cm gestiegen ist. Szenarien gehen von einem Anstieg des Meerwasserspiegels von mehr als einem Meter in ca. 100 Jahren aus. Das Argument gegen diese Technologie „Sie „verbraucht" ja Wasser" zieht also nicht. Wieviel Wasser wird entsorgt, um Braunkohlegebiete trocken zu legen? Hat man sich schon mal diese Frage gestellt?

- Kein Unternehmen wird seine Arbeitsplätze verlagern, wenn die Energie preiswert ist, und die Wettbewerbsfähigkeit gesichert ist.

- Der Einsatz dieser Technologie wird zu Millionen neuer Arbeitsplätze führen sowohl in den Industrie- als auch den Entwicklungsländern.

5.2 Mobilität – Teilweiser Ersatz von Diesel, Benzin, Gas

Die HHO-Technologie ist in den USA schon im Markt. So fand ich Vertriebspartner in Deutschland und Österreich dieser amerikanischen Unternehmen.

Ein Partnerunternehmen ist www.hhogas-germany.de. Das Unternehmen verweist auf zahlreiche Beispiele, die zu Energieeinsparungen von 15-40% führten. Hier kann man HHO-Generatoren mit dem gesamten Zubehör kaufen. Die HHO-Technologie wird ausführlich mit allen Pro´s und Contra´s beschrieben.

Es werden sogar Garantien gegeben.

Gestatten Sie mir einige Hinweise:

1. Setzen Sie in Fahrzeugen nur "Dry-Cells" ein.

In den Dry-Cells wird das Mischgas erzeugt, die Menge des in der Zelle gespeicherten Gases ist jedoch sehr gering. Dadurch besteht keine Gefahr im Falle eines Unfalls.

2. Nehmen Sie nur **Zellen, die nicht mit leitenden Materialen ummantelt** sind.

Denn im Falle eines Unfalls kann es zu Kurzschlüssen kommen.

3. Lassen Sie die **Systeme durch einen Fachbetrieb einbauen**.

Wenn es die Betriebe derzeit noch nicht gibt- bald werden Sie diese Fachbetriebe finden.

Keiner kann diese Technologie aufhalten.

Eine interessante Website ist auch www.drive60mpg.com.

Auch dieses Unternehmen ist ein Vertriebspartner. Das Unternehmen betreibt auch eine Plattform, auf der unterschiedliche Zelltypen mit ihren Leistungsdaten beschrieben sind. Es wird um Erfahrungsberichte gebeten.

Die angebotenen Leistungsklassen reichen von Hubräumen kleiner 1400 cm³ bis zu 18 000 cm³. Damit ist diese Technologie nicht nur in PKW´s einsetzbar, sondern auch in Lastkraftwagen, Bussen, Sondermaschinen, Schiffen und Blockheizkraftwerken (BHKW´s).

Blockheizkraftwerke werden überwiegend derzeit von Dieselmotoren oder Gasmotoren angetrieben.

Im Folgenden werde ich einige Videos zu unterschiedlichen Autotypen vorstellen:

Audi A6/Diesel

In der Plattform **myvideo** findet man unter dem Titel **"Autofahren mit Wasser"**den Betrieb eines Audi A6/Diesel mit einem HHO-Generator. Es kommt eine "Nasszelle" zum Einsatz. Die erzielte Einsparung lag in der Größenordnung von 30%.

VW-Passat

Unter **myvideo** findet man unter dem Titel **"Hydrogen-mein Auto fährt mit Wasser als Treibstoff- HHO VW Passat"** den Einsatz eines HHO-Generators im VW-Passat. Folgende Ergebnisse kann man dem Video entnehmen

- Einsatz von destilliertem Wasser mit Elektrolyten

- Änderung des Zündzeitpunktes bei HHO-Betrieb

- Bei einer Aussentemperatur von 17 Grad Celsius betrug die Temperatur der Zelle 27 Grad Celsius

- Die Spritersparnis betrug 50%

Ford
Unter **myvideo** findet man unter dem Titel **"www.wasserauto24.de"**den Einsatz eines HHO-Generators in einem Ford-PKW. Dabei wurde das HHO-Gas sowohl über den Luftfilter eingespeist als auch über den Ansaugtrakt direkt am Motor. Die erzielte Energieeinsparung liegt bei 50%.

Wasserauto HHO-Elekrolysator

Dieses Video findet man auch unter **myvideo**. Das "t" wurde vielleicht in dem Video absichtlich vergessen. Die Ergebnisse sind interessant:

- Die Zelle (Nasszelle) besteht aus 15 Platten mit den Maßen 10cm x 7cm.

- Der Elektrodenabstand beträgt 2mm

- Die Stromaufnahme der Zelle beträgt 15 A

- mit einer zugeführten Elektronik werden die Werte der Lambdasonde bei HHO-Betrieb verstellt

   - beim Normalbetrieb auf das Mischungsverhältnis 14,7 zu 1

   - beim HHO-Betrieb auf 20 zu 1

   Der Autor begründet die notwendige Änderung:

      - Benzin hat einen Oktanwert von ca. 96

      - HHO hat einen Oktanwert von 160 !!!!

(Zur Erläuterung: Der Oktanwert sagt etwas aus über die Klopffestigkeit des Sprits im Motor. Hoch verdichtete Motoren benötigen höhere Oktanzahlen. Superplus hat z.B. einen Oktanwert von 108. Mir erscheint die Oktanzahl von 160 außergewöhnlich hoch.)

- Die Energieersparnis beträgt

   - beim Benzinbetrieb 50%

   - beim Dieselbetrieb 30%

Porsche Cayenne Turbo

In der Plattform **Youtube** findet man auch den Einsatz eines HHO Generators in einem Porsche Cayenne Turbo **"HHO im Porsche Cayenne Turbo"**. Das Video wurde eingestellt von **"Michael Stan"**.

Der Cayenne hatte in modifizierter Form eine Systemleistung von ca. 600 PS. Der Durchschnittsverbrauch lag vor der Installation des HHO-Generators bei 20,2 Liter Benzin pro 100 km.

Nach dem **Einbau des HHO-Generators in einer Fachwerkstatt** betrug der Durchschnittsverbrauch 11,5 Liter Benzin pro 100km bei gleicher Fahrweise.

Im Porsche wurde ein 3,4 Liter Wassertank als Vorratsbehälter eingebaut. Pro Liter destilliertem Wasser wurden 8g Kalium Hidroxid als Elektrolysator zugeführt.

Zum Einsatz kam eine Trockenzelle (Dry-Cell).

Das Ergebnis war eine Verbrauchsreduzierung um ca. 40%.

BMW X5

Das Video findet man bei **Youtube** unter dem Titel

"Drive H2O HHO Installation on BMW X5".
Das Video wurde eingestellt von **"Drive H2O"**.

- Es kommt eine Trockenzelle/Dry-Cell zum Einsatz

- Der Strombedarf beträgt 4,4 A

- Das Mischungsverhältnis in der Zelle beträgt

  500 Milliliter Wasser /20 Milliliter Elektrolyt

  (1 Liter = 1000 Milliliter = 1000 ml)

- Die Energieersparnis beträgt ca. 30%

Folgendes Video zu einem Dauertest findet man auch bei Youtube „**Hydrogen working for 3,5 years 80.000 miles**". Das Video wurde von „**sfuturescott**" eingestellt.

Bei solchen Werten müsste doch jeder Automobilhersteller vor Freude aufspringen. Da verunsichern wir die Verbraucher mit einer Erhöhung des Bioanteils von 5% auf 10% mit dem Effekt, dass mehr Sprit verbraucht wird.

Darüber hinaus lehnt der überwiegende Teil unserer Bevölkerung diesen E10 Sprit ab, da man nicht zum Hunger der Welt beitragen möchte.

Es sei angemerkt, dass Deutsche Autofahrer weltweit als die kritischsten Autofahrer angesehen werden.

Gleichzeitig sind die Vorteile der HHO-Technologie in vielen Beispielen nachvollziehbar.

Da stellt sich doch die Frage: Sind Interessengruppen in der Lage, diese Technologie am Markteintritt zu behindern?

Es sei erwähnt, dass diese Technologie die Autos leichter und nicht schwerer macht- wenn man im Vergleich an die Hybridtechnologie (Benzinmotor/Elektromotor mit einem ausreichenden Batteriepack) denkt.

Sie ist darüber hinaus wesentlich preiswerter als die Hybridtechnologie und die Elektromobilität. Weiterhin entspricht die Reichweite der Fahrzeuge den heutigen Benzin-, Gas- und Diesel-Fahrzeugen.

Fazit:

Wenn die oben angeführten Werte stimmen, reicht ein Wassertank mit einem Volumen von weniger als 10 Litern für eine Reichweite von 1000 km- bei einer 100% Substitution von Benzin, Gas durch Wasser. Ein Batteriepack für 1000 km Reichweite wird mit Sicherheit weit schwerer und um ein Vielfaches teurer sein. Der Umwelteffekt ist der gleiche: Keine CO^2 Emissionen und andere „green gases". **Wenn man die gesamte Erzeugungskette betrachtet, kommt im Bereich der Mobilität neben dem Fahrrad derzeit keine Technologie auf die geringe Umweltbelastung des „Wasserautos".**

6. Einsatzbeispiele in der Energiewirtschaft

In der Versorgung unserer Republik mit Energie nehmen wir alle Optionen wahr. Windkraftwerke, Solaranlagen, Wasserkraftwerke, Biogasanlagen, Geothermieanlagen stehen im Wettbewerb mit Steinkohlen-, Braunkohlen- Kraftwerken, Gaskraftwerken und Atomkraftwerken.

Das Problem der Kraftwerke, die auf erneuerbaren Energieträgern beruhen ist: Die Sonne scheint nicht 24 h und der Wind weht nicht immer. Auch unsere Flüsse haben schwankende Wasserstände. Dies betrifft die Wasserkraftwerke.

Somit haben auch diese Technologien ihre Sonnen- und Schattenseiten.

Aus diesem Grunde sind die konventionellen Kraftwerke derzeit noch unverzichtbar.

Es ist jedoch festzustellen, dass sich trotz des Zubaus der Windenergieanlagen und Solaranlagen in den letzten Jahren die CO_2 Emissionen nicht wesentlich verringert haben. Im Gegenteil - im Jahr 2012 sind in Deutschland die CO_2 Emissionen um 2 Prozent gestiegen. Die Gründe liegen zum einen in der Abschaltung von Atomkraftwerken, die ja bekanntlich kein CO_2 emittieren und dem verstärkten Einsatz von Kohlekraftwerken, insbesondere Braunkohlekraftwerken.

Man versucht, uns allen den Eindruck zu vermitteln, dass ohne die konventionellen Kraftwerke die Energieerzeugung zusammenbricht.

Bislang haben die Netzbetreiber jedoch alles im Griff. Es besteht also kein Grund zur Panik.

In Zukunft werden **neben den zentralen Anlagen viele kleinere, dezentrale Anlagen** entstehen.

Dass das funktioniert, zeigt uns das Thema Mobilität: Wir haben in Deutschland ca. 55 Mio. Kraftfahrzeuge (PKW´s, LKW´s, Busse, Sondermaschinen etc). Nehmen wir einmal an, dass die Lichtmaschinen in den Fahrzeugen durchschnittlich 2 Kilowatt an Leistung besitzen, dann führt das Starten der 55 Mio. Fahrzeuge zu einer elektrischen Leistung von 110 GW (Gigawatt). Das geht einfach mit dem Umdrehen des Zündschlüssels im Auto.

Zum Vergleich: Die installierte Kraftwerksleistung in Deutschland - also die Leistung aller Kraftwerke zusammen - liegt im Bereich von 95 GW. (1 Gigawatt= 1000 Megawatt= 1 Million Kilowatt = 1 Milliarde Watt).

Im Jahr 2012 wurde eine Spitzenlast von 81,2 GW am 7. Dezember gemessen - laut Branchenverband BDEW. (Quelle Frankfurter Allgemeine Zeitung, 29. Nov. 2013, S 11, „Netzbetreiber fürchten Stromausfall an Weihnachten"..."In dem Entso-E-Report werden auch Zahlen für den Zubau an regenerativen Energien in diesem Jahr genannt. So werde die Erzeugungskapazität für Solarstrom (Photovoltaik) um 5,1 auf 36,3 GW wachsen, die für Windstrom um 3,7 auf 34,3 GW."

Dieses Beispiel zeigt: Es ist kein Problem, Großkraftwerke durch kleinere, dezentrale Kraftwerke zu ersetzen.

Diese kleineren, dezentralen Kraftwerke, das sind die Mikrokraftwerke in den einzelnen Häusern mit einer elektrischen Leistung von 1 bis 2 KW.

In Deutschland haben wir mehr als 20 Mio. Heizungsanlagen. Würde man all diese Anlagen zu Mikrokraftwerken aufrüsten und sie miteinander vernetzen, dann könnte man in wenigen Minuten allein aus den Anlagen in Ein-, Zweifamilien und Mehrfamilienhäusern eine Leistung von ca.20 - 40 GW abrufen.

Die Vernetzung der Anlagen ist heute dank des Internets kein Problem.

Hinzu kommen Blockheizkraftwerke mit einer Leistung von bis zu 1MW (1000 KW). Viele dieser Anlagen könnten mit Wasser/Knallgas/HHO-Gas betrieben werden. Die CO_2 Emissionen würden erheblich zurückgehen.

Man erwartet in Deutschland den Einsatz von 35.000 Blockheizkraftwerken. Derzeit sind ca. 7.500 im Einsatz. Man findet sie in den Stadtwerken, Krankenhäusern, mittelständischen Firmen, Schwimmbädern etc.

Man wird sicherlich auch in Zukunft größere Kraftwerke benötigen für die größeren Industrieunternehmen. Aber diese Kraftwerke werden einen immer geringer werdenden Anteil an der Versorgung mit Energie einnehmen.

Man braucht sich doch nur die Computerindustrie anzuschauen:

Die Großrechner wurden überwiegend durch Workstations und PC´s, Tablet PC´s, Netbooks und Smart Phones - also viele kleine, dezentrale Anlagen ersetzt. Trotzdem gibt es neben den dezentralen Anlagen auch immer noch größere Rechenzentren.

Haben unsere großen Energieversorger wirklich diese Wandlungen verinnerlicht? Diese großen Energieversorger verfügen noch über sehr hohe Kapitalrücklagen und -erträge. Noch haben sie die Kraft, ihre Systeme umzubauen: Anstatt weniger Großkraftwerke betreuen sie in Zukunft Millionen kleinerer, dezentraler Anlagen. Dies ist technisch heute kein Problem mehr, bedarf keiner Entlassungen - die Barrieren scheinen mir in den Köpfen der Unternehmer zu liegen.

Der Automatisierungsgrad dieser dezentralen Anlagen kann ebenso hoch sein, wie die der modernen Kraftwerke. Man denke doch nur an die Leistungsfähigkeit moderner Smartphones und ihrer Vernetzungsfähigkeit mit Prozessen im Haushalt und in der Industrie.

Die oben angeführten Beispiele lassen die Vision real erscheinen:

- Heizungen,

- Mikroblockheizkraftwerke und –

- Blockheizkraftwerke

lassen sich mit Wasser/Knallgas/ HHO-Gas betreiben.

- Die Biokraftwerke der ersten Generation, die mit "Nahrungsmitteln" wie z.B. Mais, Zuckerrüben betrieben werden, werden ersetzt durch die Biokraftwerke der 2. Generation. Diese verwerten die Abfälle unserer Gesellschaft.

Die **LOTES Technologie** ermöglicht darüber hinaus eine "Stromerzeugung" aus der Abwärme dieser dezentralen

Kraftwerke.

- Im Sommer ist Wärme im Überfluss vorhanden. Strom wird in einer flexiblen Volkswirtschaft jedoch immer benötigt. Die überschüssige Wärme verwandeln wir dann mit Hilfe der **LOTES Technologie** in Strom.

In vielen Fernheizkraftwerken wird die überschüssige Wärmeenergie der Fernheizung in den Sommermonaten durch energieintensive Luftkühlanlagen „vernichtet".

- Viele unserer Großkraftwerke arbeiten mit der Flüssigkeitskühlung. D.h. sie entnehmen Wasser aus unseren Flüssen und nutzen es zur Kühlung der Anlagen. Das zurückfließende Wasser hat jedoch dann eine höhere Temperatur.

Die Temperatur in den Flüssen steigt. Ist der Grenzwert überschritten, müssen diese Kraftwerke aus Umweltschutzgründen abgeschaltet werden.

- Damit haben wir bereits heute eine absolut umweltfreundliche Energietechnologie in der Hand. Die HHO-Technik wird auch keine/kaum Subventionen benötigen - vielleicht am Anfang, bis die Stückzahlen nachgefragt werden, die eine kostengünstige Produktion ermöglichen. Wenn sie preiswert ist und zuverlässig, werden Millionen von Bürgern diese Technologie nachfragen.

- Für viele mittelständische Unternehmen öffnen sich durch die HHO-Technologie große Märkte neben der Wind- und Solarenergie.

7. Einsatzbeispiele im Industriebereich und Dienstleistungsbereich

Der Einsatz der HHO-Technologie im produzierenden Gewerbe, der Industrie und den Dienstleistungsbereichen deckt alle Wärme- und Kühlungsprozesse ab. Als Beispiele seien genannt:

1. Energieerzeugung

Für viele Unternehmen wird es sich angesichts steigender Energiepreise lohnen, eine Energieversorgung in Eigenverwaltung in Betracht zu ziehen.

Blockheizkraftwerke (BHKW´s) und andere Systeme der neuen Technologien wie Solarkraftwerke und Windenergieanlagen lassen sich auf eigenem Gelände realisieren.

Die Eigenversorgung auf eigenem Gelände führt zu niedrigeren Energiekosten. Es entfallen die hohen Netzentgelte. Gleichzeitig wird das übergeordnete Netz entlastet.

Lediglich im Bereich stromintensiver Betriebe oder der Betriebe mit unvermeidlich hohen Spitzenlasten ist eine Verbindung mit dem übergeordneten Netz aus heutiger Sicht unverzichtbar. Als Beispiele seien die Aluminium-, Chemie-, Stahl- und Glasindustrie angeführt.

Durch die Verbindung von BHKW´s mit der HHO-Technologie und der LOTES-Technologie lassen sich die Energiekosten senken, wie im letzten Kapitel angeführt wurde.

Den Unternehmen wird damit der Schrecken vor stark steigenden Energiepreisen genommen. Ihre Wettbewerbsfähigkeit ist aus Sicht der Energiekosten im Unternehmen gewährleistet.

Wasser kann aus Regen gewonnen werden, aus Abwassern etc.

2. Kühlungssysteme/Klimanlagen

Eine Wärmeerzeugung ermöglicht auch eine Kühlung zum Beispiel durch Einsatz von Adsorber- oder Absorbersystemen sowie dem LOTES-System.

Dieses Einsatzgebiet könnte z.B. für Rechenzentren von hohem Nutzen sein. Serversysteme der heutigen Generation benötigen eine Kühlung.

Weitere Einsatzgebiete sind Klimaanlagen.

3. Wärmeprozesse / Glühen / Härten

In vielen Industriebetrieben fallen hohe Energiekosten an für die Bereiche Glühen/Härten. In diesen Systemen kommt vielfach Gas zum Einsatz. Dieses Gas kann z.T. durch HHO-Gas substituiert werden. Die Abwärme kann wiederum durch die LOTES-Technologie in Strom umgewandelt werden. Wir sprechen dort von Temperaturbereichen in der Größenordnung von 300 Grad Celsius. Dieses Potential sollte genutzt werden für die Prozesswärme oder die Stromerzeugung.

4. Trennungsprozesse / Schneidprozesse

Die hohe Flammentemperatur der HHO-Gase in der Größenordnung von 2900 Grad Celsius im adiabatischen Bereich wird Einsatzmöglichkeiten im Bereich des Schneidens erschließen.

5. Verbindungsprozesse – Löten, Schweißen, Kleben

Auch in diesen Prozessen kann der Einsatz von HHO-Gas geprüft werden.

6. Walzprozesse

Die Realisierung dieser Visionen bedarf mit Sicherheit eines hohen Forschungsaufwandes.

8. Ein interessanter Forschungsbericht der Bundesregierung

Im Jahre 2005 wurde ein interessanter Forschungsbericht des Bundesministeriums für wirtschaftliche Zusammenarbeit veröffentlicht. Man kann ihn aus dem Internet herunterladen. Es handelt sich um den Bericht E 5001-15. Er trägt den Titel

„Zukunftstechnologien für die nachhaltige Entwicklung: Unkonventionelle Ansätze zur Energiegewinnung und Aktivierung biologischer Prozesse.

Eine Darstellung und Erläuterung von sechs Erfolg

versprechenden Verfahren"

Der Bericht wurde von drei anerkannten Wissenschaftlern verfasst:

Marco Bischof, Thorsten Ludwig, Andreas Manthey

Ich zitiere:

„Die im Folgenden vorgestellten unkonventionellen innovativen Energieerzeugungsverfahren könnten zur Grundlage einer neuen dezentralen Energieversorgung werden.
Zu den vielversprechendsten der unkonventionellen Energieerzeugungsverfahren gehören mit Sicherheit die Wasserstoff erzeugenden oder verwendenden Verfahren. Heute gilt die Wasserstoffnutzung als geeignetster Kandidat zur Ablösung der fossilen Energieträger.
Was in den aktuellen Diskussionen oft vergessen wird, ist die Tatsache, dass Wasserstoff lediglich ein Energieträger, nicht eine Energiequelle ist. D.h. dass das Wasserstoffgas zunächst mit Hilfe einer geeigneten Energiequelle erzeugt werden muss.
Dies geschieht heute überwiegend aus fossilen Rohstoffen. Aus diesem Grund erscheint es fragwürdig, wenn heute Wasserstoff und Brennstoffzelle pauschal bereits als „Technologie der Zukunft" gehandelt werden ohne Betrachtung der gesamten Umweltbilanz.
Die Brennstoffzelle ist zwar effizienter als die herkömmliche Verbrennung fossiler Energieträger, doch bei Berücksichtigung der heutigen Wasserstoffherstellung ist ihre Energiebilanz nicht so positiv, und sie ist immer noch ein beträchtlicher Kohlendioxid-Verschmutzer.
Vor diesem Hintergrund ist die Suche nach effizienterer Erzeugung von Wasserstoff mit geringem Aufwand an Elektrizität, oder noch besser direkter Energieerzeugung aus Wasserstoff ohne Verbrennung, zu verstehen, aus der die hier vorgestellten Verfahren hervorgegangen sind.

Die im Folgenden erläuterten unkonventionellen Wasserstoffverfahren erreichen die gleichen oder bessere Resultate mit viel einfacheren Mitteln, geringerem Aufwand, höherer Effizienz und weiteren Vorteilen.
Besonders interessant ist das „Brownsche Gas", eine nicht explosive Mischung von Wasserstoff und Sauerstoff, die in mancher Wasserstoffanwendung eingesetzt werden könnte."

Es sind jetzt 9 Jahre vergangen. In Deutschland wurden bisher keine wesentlichen Ergebnisse veröffentlicht. Da ist doch wohl die Frage erlaubt: Wer, was behindert diese Technologie?

9. Fazit

Die Ausführungen zu diesem Blog " Energie aus Wasser- nur eine Vision?" haben gezeigt: Man muss diese Technologieansätze ernst nehmen.

Es gibt mehrere Hinweise aus den unterschiedlichsten Regionen unserer Welt, dass in dieser Technologie großartige Chancen verborgen sind, die es zu heben gilt.

Die Chancen liegen in

- neuartigen Heizungs- und Kühlungs- und Klimasystemen

- einer Mobilität, die emissionsfrei und kostengünstig ist

- einer Energiewirtschaft, die allein mit Sonne, Wind und Wasser grundlastfähig ist und damit die geforderte Versorgungssicherheit ermöglicht

- der Abkopplung unseres Energiebedarfes von der Begrenztheit der vorhandenen fossilen Rohstoffe (Öl, Gas, Kohle, Nuklearenergie)

- der Abkopplung unserer Volkswirtschaft von politischen Erpressungsversuchen- keine Kriege mehr um Öl, Gas, Kohle, Uran etc.

- neuen technologisch hoch anspruchsvollen, margenstarken Märkten.

- der Sicherung von Arbeitsplätzen in Deutschland auch in energieintensiven Branchen.

- der Verringerung der Emissionen, so dass wir unseren Beitrag leisten zur Bewältigung des drohenden Klimawandels.

Gleichzeitig müssen wir lernen zu erkennen: Wo sind die Sonnen- und Schattenseiten der HHO-Technologie. Es gibt keine Technologie, die nicht zwei Gesichter hat.

Wir sollten Forschungsschwerpunkte auf den einzelnen

Technologiefeldern schaffen.

Diese Technologie könnte eine Revolution sein.

Der Taifun Haiyan auf den Philippinen sollte uns zum Nachdenken anregen. Hier ein Auszug aus den 5 Kernthesen des 5. Weltklimaberichtes vom September 2013(Quelle Hellweger Anzeiger 12. Nov. 2013, S3):

Luft und Stürme

„Die Oberflächentemperatur ist von 1880-2012 um 0,85 Grad Celsius gestiegen. Während der insgesamt deutlichen Erhöhung gibt es natürliche Schwankungen in der Größenordnung von Jahrzehnten.

Die Temperatur wird sich bis Ende des Jahrhunderts um 0,3-4,8 Grad erwärmen, bezogen auf die Mitteltemperatur der Jahre 1986-2005.

Es ist "wahrscheinlich", dass die Windgeschwindigkeit und die Regenmengen tropischer Wirbelstürme zunehmen werden."

Die Münchener Rückversicherung, der größte Rückversicher der Welt hat eine **Verdreifachung extremer Wetterereignisse** seit 1980 registriert. (Quelle: Frankfurter Allgemeine Zeitung "Taifun Haiyan gibt Klima Debatte neuen Auftrieb" 12. Nov., S. 9)

Ozeane und Eis

" Die Ozeane haben etwa 30 Prozent des menschengemachten Kohlendioxids (CO_2) aufgenommen und sind dadurch saurer geworden.

Der Meeresspiegel ist von 1901-2010 um 19 Zentimeter gestiegen. Es ist praktisch sicher, dass sich die Geschwindigkeit des Anstiegs in den vergangenen zwei Jahrzehnten erhöht hat. Bis zum Ende des Jahrhunderts wird der Meeresspiegel um 26 bis 82 Zentimeter steigen.

Die Ozeane haben 90 Prozent der Energie aufgenommen, die das Klimasystem in den vergangenen Jahrzehnten (1971-2010) gespeichert hat. Sie erwärmten sich von 1971 bis 2010 in bis zu 75 Metern Tiefe über 0,1 Grad Celsius pro Dekade.

Die Geschwindigkeit der Eisschmelze von Grönland und der Antarktis hat sich vervielfacht."

Treibhausgase

"Die CO_2 Konzentration hat sich seit Beginn der Industrialisierung um 40% erhöht. Gründe sind vor allem die Verbrennung fossiler Rohstoffe, die Zementproduktion und die Waldvernichtung.

Die Konzentration des Treibhausgases Methan stieg um 150%, die von Lachgas (N_2O) um 20 Prozent.

Wenn sich der CO_2 Gehalt der Atmosphäre verdoppelt, wird die Lufttemperatur um 1,5 bis 4,5 Grad Celsius steigen. Im alten Report von 2007 war der Klimarat noch von 2- bis 4,5Grad ausgegangen."

Ursachen des Klimawandels

"Die durch menschengemachte Treibhausgase in der Atmosphäre aufgenommene Energie wächst mit zunehmender Geschwindigkeit.

Es ist äußerst wahrscheinlich (zu 95 bis 100 Prozent), dass der Mensch der dominierende Faktor für den Temperaturanstieg seit rund 60 Jahren ist."

Ich hoffe, es finden sich viele Entwickler, Unternehmer, Politiker und Bürger, die die Chancen dieser Technologie erkennen. Wir sollten keine Zeit verlieren. Wir alle sitzen in einem Boot. Wir sollten nicht unsere Lebensräume zerstören und den Ast absägen, auf dem wir alle sitzen.

Danksagung

Hiermit möchte ich allen danken, die mich auf dem Weg zu einer emissionsfreien „Energieerzeugung" (physikalisch heißt das: Energieumwandlung) begleitet haben und begleiten:

Dipl.-Ing., Dipl.-Wirtschaftsing. Wolf Schneider, Prof. Dr. Martin Venhaus, Prof. Dr. Langbein, Frau Patentanwältin Ingrid Langbein, Prof. Dr.-Ing. Fred Schäfer, Dr.-Ing. Reinhold Spall, Bodo Schleede, Ass.jur. Arnulf Nortmann, Günter von der Fecht, Dipl.-Ing. Roman Kolesnikov, Dipl.-Ing. Detlev Friedriszik, Dr. Peter Schroeder, Arnold Dammers, Dipl.-Ing. Bernd Dietrich, Dipl.-Ing. Jürgen Poller, Dipl.-Ing. Winfried Willeke, Peter Gauchel, Dipl.-Ing. Heinz Plass, Dipl.-Kfm. Christoph Plass, Frau Theresia Maria Wuttke, Herr Dipl.-Ing. Giovanni Schirinzi, Herr Harald Ruoß, Herr Andreas Wieneke, Dipl.-Ing. Franz Josef Schulte, Prof. Dr.-Ing. Karsten Müller, Dipl.-Ing. Theo Knaus, Dipl.- Ing. Michael Thom, Dipl.- Ing. Artur Berger, Dipl.- Ing. Eugen Lesser, Dipl.-Ing. Andreas Welschoff, Prof. Dr. Gerd Grube und meine zahlreichen ehemaligen Studenten, Kollegen und Mitarbeiter in der Werkstatt von der FH-Südwestfalen, Iserlohn.

Ein weiteres Buch des Autors:

TABU- Anna möchte leben
264 Seiten, Preis 9,58 Euro,
auch als E-BOOK, Preis 4,99 Euro.
ISBN 9781492217589
zu beziehen über Amazon und neobooks.

In diesem Buch geht der Autor auf die Abtreibungsproblematik in Deutschland ein. Wir treiben derzeit in Deutschland 300 Kinder pro Tag, ca. 110.000 Kinder pro Jahr ab. **Ein jeder sollte wissen, dass wir in Deutschland nahezu jedes fünfte Kind töten.** Keiner spricht von denen, keiner schreibt über sie. Sie haben keinen Anwalt, kein Gericht. Unsere Gesellschaft verdrängt ihr Versagen – TABU.
Der Autor zeigt Wege auf, wie man ohne Änderung des § 218 die Zahl der Abtreibungen verringern kann.
Er fragt: Was muss unsere Gesellschaft tun, damit eine Frau ihrem Kind die Chance zum Leben gibt? Wie kann man ihr die Angst vor der Zukunft nehmen?

Viele betroffene Frauen haben in diesem Buch über ihre Erfahrungen und die Spätfolgen ihres Schwangerschaftsabbruches geschrieben.
Ein jeder von uns hat seine Sonnen- und Schattenseiten. Keiner von uns hat Recht, über den Anderen zu richten.
Lasset uns Nester bauen
für diese Frauen und ihre Kinder, die geborenen und ungeborenen.

Der Autor verweist auch auf das Buch von Theresia Maria Wuttke, einer anerkannten Tiefenpsychologin mit dem Titel
Yasmin liebt
ISBN 9781492952152
172 Seiten, Preis 10,17 Euro,
auch als E-Book, Preis 8,49 Euro
zu beziehen über Amazon und neobooks.

Frau Theresia Maria Wuttke beschreibt eindrucksvoll die Gefühlslage einer jungen Frau mit dem Namen Yasmin. Obwohl sie einen starken Kinderwunsch hegt, kann sie ihr ungeborenes Kind zunächst nicht annehmen. Ihr Partner fordert sie auf, das Kind abzutreiben.
Es sind die einfühlsamen und psychologisch fundierten Gespräche mit der Nonne Lucida, die Yasmin ihren eigenen Weg finden lassen.
Yasmin nennt ihr Kind Simone. Das bedeutet: Von Gott gegeben.

www.ingramcontent.com/pod-product-compliance
Lightning Source LLC
Chambersburg PA
CBHW071816170526
45167CB00003B/1324